Hans J. Pennartz

Mit Wein und über Wein

Sachbuch

Mauer Verlag
Wilfried Kriese
72108 Rottenburg a/N
Buchgestaltung: Wilfried Kriese

Titelbild: Fototalia
2014
ISBN 978-3-86812-322-7

www.mauerverlag.de

Manche gesellige Runden
in vinophilem Kreis

„mit Wein und über Wein"

waren Anreiz für diese Niederschrift:

das Interessante daran ist,
dass der Interessierte immer wieder Interessantes sucht, und dieses
„als ernste, erbauliche und sogar prosaisch unterlegte Beschäftigung" empfindet und daraus Wissenswertes schöpft.

Inhalt

Vorwort

Zur jetzt vorgelegten überarbeiteten und um gesundheitliche Belange erweiterten Fassung dieses Buches schreibt Dr. Gerhard Kreuter, Mitglied des Wissenschaftlichen Beirates der Deutschen Weinakademie, zur Neuauflage
„dass ein Weinkenner und Liebhaber am Werk war.
Nur so ist das inhaltsreiche und auf fundiertem Wissen beruhende Buch in seiner Entstehung zu begreifen“.
Das Kapitel über die Weinqualität und über die Sensorik werden unter „vinologischen Kriterien umfänglich erörtert“ und der
„komplexe Begriff des Terroir ausführlich in all seinen Komponenten diskutiert und erklärt“, wobei auf die
„sachkundig dargestellte Mineralität“ verwiesen wird. Etwas ausführlicher kommen die Abschnitte über Alkoholabbau und Verträglichkeit zur Sprache, welche dann in die Schlussgedanken über
„Wein und Gesundheit“ münden. In historischer Rückschau richtet sich der Blick auf die
„Heilkraft des Weines“ für körperliches Leiden und seelisches Wohlbefinden, auf die schon seit vorbiblischen Zeiten die Menschen ihre Hoffnung gesetzt haben.

Geschichtliches

„Wein kein Produkt“

sondern als zu pflegendes Kulturgut dem Menschen:
„Freude über alles Erdenmaß“ (R. Guardini)

Mehrere tausend Kulturvarianten der zu den Lianengewächsen zählenden Ur-Reben waren in der Vergangenheit schon den Nomadenvölkern bekannt; als Wildreben gelangten sie aus Georgien, dem Nahen Osten und aus der Nilebene durch die Phoenizier und Griechen in den Mittelmeerraum. Die hierhin zugewanderten Menschen wurden zunehmend sesshaft und entwickelten sich „aus der Barbarei zu einem zivilisierten Volk“. Sie verstanden es mit der Zeit die Wildreben zu veredeln und Weinbau zu betreiben, wie der griechische Geschichtsschreiber Thukydides um 400 v. Chr. zu berichten wusste. In der Antike war allerdings eine Unterscheidung in Rot- und Weißwein nicht üblich, da die Rotweintraube bei schnellem Abpressen bzw. kurzer Maischezeit (s.u.) auch als „weißer Wein“ gekeltert wurde („Blanc de Noirs“ aus heutiger Sicht).
Schon in vorbiblischer Zeit war Wein als belebendes und Heilkräfte spendendes Getränk geschätzt und diente nur unvermischt als Kultgetränk der Verehrung der Gottheiten. Erst um die *große Zeitenwende* erfuhr der Wein als Opfergabe durch *Jesus Christus* selbst seine einmalige Überhöhung.

Im Laufe der ersten und folgenden Jahrhunderte bahnte sich zunächst der Weinhandel durch mühsame Amphorentransporte in die Provinzen an; etwa zeitgleich mit der Ausdehnung des „Imperium Romanum“ durch die streitbaren

Eroberer breitete sich der Rebenanbau, die Weinbereitung, die Lagerung und Verschiffung in handlichen, weniger gewichtigen und als Transportmittel besser geeigneten und haltbareren Holzfässern im mittel-europäischen Raum aus, etwa zwischen dem 48° u. 50° n. Breite in geographisch und klimatisch begünstigten Zonen. Die Zeugnisse dieser weingeschichtlichen durch die Römer geprägten Vergangenheit sind auf Wandmalereien erhalten und bieten sich auf Mosaiken in Museen dem betrachtenden Auge dar. In Weinbergen wurden ihre Spuren freigelegt; einzelne der zahlreichen verschütteten Kelteranlagen ließen sich in Rekonstruktion augenfällig wieder errichten. Erhaltene prunkvoll gearbeitete zum Teil verzierte doppelwandige mit Trinksprüchen und Segenswünschen verzierte Glasbecher bezeugen die Weinkultur der damaligen Zeit.

Über 500 Rebsorten wurden bis heute gezählt, die sich zum Keltern eignen. Doch um die Mitte des 19ten Jahrhundert fielen europaweit die meisten Sorten auch in entfernt voneinander liegenden Anbaugebieten dem aus Amerika über den Seehandel eingeschleppten Wurzelschädling, der Reblaus, zum Opfer. Dies hatte existenzvernichtende Folgen für die Winzer, die bis zu 90 % ihrer Rebflächen in befallenen Gebieten Europas aufgeben mussten. Daneben trug etwa zeitgleich noch der Mehltaubefall auf Blattwerk und Beeren mit Varianten als Pilzkrankheiten zu herben Verlusten ertragfähiger Rebstöcke bei. Mit umweltfreundlichen Pflanzenschutzmaßnahmen konnte man allerdings dem schädlichen Pilzbefall auch in nachfolgender Zeit wirksam begegnen. Nur in wenigen steinigen Lagen u.a. an der Mosel überlebten wurzelechte Rebstöcke, die offenbar nicht für die Reblaus erreichbar waren. Nach Jahrzehnten gelang es durch

Pfropfreben auf resistenten amerikanischen Wurzelstöcken wieder verschiedene Sorten einer gewünschten Weinrebe auf gerodeten Flächen zu züchten. Die Weinrebe ist über die Photosynthese mit der Fähigkeit ausgestattet, für die alkoholische Gärung die wichtigen Polysaccharide über das Blattwerk in die reifenden Trauben einzubringen.

Im Weinanbaugebiet Deutschland sind 130 Sorten zugelassen oder zum Teil sogar für einen regionalen Anbau vorgeschrieben. Manche dieser Weine sind über ihre hohe Qualität für den Export von internationaler Bedeutung und werden daher auf geeignetem Untergrund mit „Terroir-Charakter" angebaut und im Keller durch die kundige Hand des Winzers ausgebaut, worauf das folgende Zitat verpflichtend verweist:

Wein ist das einzige Getränk auf der Erde, das dem Menschen „zweckbestimmt als endliche Gabe anvertraut ist, die durch die kundige Hand des Winzers zu einer vollendeten wird" [P. Reich, 1950].

In Jahre 1680 erkannte A. v. Leeuwenhoek durch sein selbst gefertigtes Mikroskop mit ausreichender Vergrößerung erstmals Hefezellen, die sich durch Sproßbildung im gärenden Most vermehren. Dieser Erscheinung ist um 1750 der schwedische Botaniker C. v. Linné auf der Spur, in der er die auf den Schalen der Beeren sitzenden Pilze vermutete, die er für die Verursacher dessen hielt, was später als alkoholische Gärung erkannt wurde. Der Chemiker J. de Thénard vertrat 1803 schon die Meinung, dass der Alkohol ein Stoffwechselprodukt der Hefepilze sei; erst 50 Jahre danach bewies L. Pasteur, dass durch Erhitzen des Mostes die Gärung unterbleibt, (pasteurisieren!) und sah dabei auch den Hefepilz als treibende Kraft an; sie blieb ein bis dahin seit Jahrtausenden nicht erklärbarer geheimnisvoller Vorgang, an dem 100 Millionen einzellige Pilze pro ml beteiligt sind, die den vorhandenen Zucker in Wein umwandeln. Seine durch Beobachtung gewonnen Erkenntnisse wurden in den folgenden Jahrzehnten durch biochemische Untersuchungen namhafter mit Nobelpreis geehrten Forschern als schrittweise ablaufende Teilreaktionen der Gärung bestätigt. L. Pasteur hielt den Wein für das „beste und gesundeste Getränk"; er sprach sich für einen besinnlichen Weingenuss aus, indem er auf die Gefahren eines Missbrauchs und seiner Folgen - z. T. in einer düsteren Schau - verwies. „Ein großer Teil der Menschen kennt keinen anderen Wert im Leben" wie Plinius d. Ä. um 70 n. Ch. bemerkt und weiter schreibt, der Mensch sei das „einzige Lebewesen auf der Erde, das trinkt ohne zu dürsten". Er wollte damit eigentlich den genußvollen Umgang und mäßigen Zuspruch schon anmahnen. Denn nicht selten ist schon ein Glas zu viel vom Guten mehr als nur „ein Flirt mit dem Rausch".

Um 180 v. Chr. ermuntert der Weisheitsprediger J. Sirach den Wein zur „rechten Zeit und mit Bedacht" zu trinken, denn „Wein und Künste stimmen froh das Herz"; an anderer Stelle deutet er den „maßvollen Genuß" mit wohltuend beglückender Wirkung sogar als ein „zweites Leben", ohne die verhängnisvoll verderblichen Folgen des Missbrauchs damals schon zu verkennen.

Dieses Hinweises bedurfte aber der Benediktinermönch Alkuin, Freund und Gelehrter am Hof Karls des Großen nicht, der nach seiner Rückkehr in die angelsächsische Heimat den Wein doch als das zivilisiertere Getränk ansah, nachdem er den unmäßigen Umgang mit einheimischem Bier wieder erlebt hatte.

Dante Alighieri, Dichter der Weltliteratur, erkannte im Wein „eine innewohnende Kraft vom Urbeginn der Schöpfung, um den schattigen Weg der Wahrheit zu erhellen."

Der in England gefeierte Dichter Shakespeare war schon früher dem Wein ebenso zugetan und nannte ihn auch „ein gutes geselliges Ding, wenn man mit ihm umzugehen weiß" und damit auch einen maßvollen Umgang empfahl.

Andere begnadete Denker nachfolgender Jahrhunderte fühlten sich durch den Weingenuß in ihrer Zeit durchaus zu kulturschöpferischer Leistung von nachhaltiger Wirkung inspiriert, wie ein literarisches Zitat von J. W. v. Goethe belegt: „Es liegen im Wein produktiv machende Kräfte sehr bedeutender Art" [zit. B. Krönig 2009]. Goethes Biograph W. Bode berichtete, dass der Dichter auf seine Art den Wein zu genießen wusste, aber niemals „seine Freiheit an ihn verloren habe" und ihm auch als Begegnungstrunk willkommen war.

Bei entsprechender Gelegenheit erweist sich im Kreis der Gäste der Wein als „naturnahe Quelle für dauerhafte Lebensqualität" besonders, wenn er in verständiger Runde, - als wohltuend empfunden - „schon Heiterkeit vermittelt, noch bevor er getrunken wird", aber seine stimmungsaufhellende Wirkung erst nach maßvollem Genuss entfaltet, die der Genießer einem bestimmten Reizüberträgerstoff im Gehirn verdankt.

„Weinqualität"

Reinsortig ausgebaute Trauben z.B. Riesling aus bevorzugten Lagen mit Terroir-Charakter erweisen sich als Weine mit vorausgesetzten bekannten Qualitätsmerkmalen und genügen dann einem unbestreitbar hohen Anspruch. Regional vorgegebene Mindestmostgewichte in Oechsle-Graden bestimmen seit den 70 er Jahren noch die offizielle Einteilung in den Güteklassen von : Kabinett (>73° Oechsle), Spätlese (>85° Oechsle), Auslese (>95° Oechsle), Trockenbeerenauslese (>125° Oechsle) und Eiswein mit jeweils steigendem Restzucker - aber niedrigerem Alkoholgehalt bis etwa 7,5 Vol %, während „trocken" ausgebaute Weine wegen des bei der Gärung verbrauchten Zuckers über höhere Alkoholspiegel bis über 15 Vol % verfügen können. Die neue Klassifizierung „großes" oder erstes" Gewächs, weist aus, dass 1. geringer Restzuckerspiegel, 2. aus einer anerkannten Lage und
3. von Terroir geprägt und 4. der Erzeuger dem „Verein Deutscher Prädikatsweingüter" (VDP) angehört.
Dieses zu pflegende Kulturgut mit eigenem Terroir-Charakter auch oft vom betont mineralischen Typ ruht in der Flasche seiner eigentlichen Bestimmung entgegen, um zu einem gewünschten Zeitpunkt endlich geöffnet zu werden. Die Entnahme sollte aus einem erschütterungsfreien Flaschenlager bei annähernd optimaler Luftfeuchtigkeit (65 %) erfolgen, das nur geringen Temperaturschwankungen in langsamer jahreszeitlicher Abfolge ausgesetzt und nicht durch Fremdgerüche belastet ist. Ein 10° C über der optimalen Trinktemperatur gelagerter Wein verkürzt seine Lagerfähigkeit erheblich und verliert zunehmend seine Geschmacksfülle, bzw. seine Haltbarkeit. Sie mindert sich um weit mehr als

die Hälfte der angenommenen Zeit, da Oxidationsprozesse temperaturabhängig beschleunigt ablaufen.

Die „Güte“ feiner Weine lässt sich kaum durch exakte Analysedaten von Alkoholgehalt, Säure und Restzucker in einer optimalen Balance allein belegen. Ein weiteres eher richtungweisendes aber zutreffendes Maß für „Körperreichtum“ eines anspruchsvollen Weines liefern die nach einer Veraschung erhaltenen erhöhten zuckerfreien Extrakte von Mineralien, Stickstoffverbindungen mit ihrem aromaprägenden Aminosäurestoffwechsel und den Polyphenolen mit Gewichten von 23-30 g/l und bei Rotweinen noch darüber hinaus. Als nichtflüchtige Säuren und gelöste Minerale werden sie über das tiefreichende und stark verzweigte Wurzelwerk mühsam aufgenommen und den Reben zugeführt. Sie wirken als Gegengewichte zur fruchtigen Süße wie zur prägenden Säure als auch zur Tanninstruktur der Rotweine und dadurch geschmacklich ausgleichend.

Die in vergangenen Jahren entwickelte und neu eingeführte Analysemethode der Infrarot-Spektroskopie mit bis zu zwölf verwertbaren Einzelparametern erlauben hinreichende Aussagen über den jeweiligen Reifegrad der zu lesenden Trauben, sowie auch über die zu erhoffende „Güte“ der später zu verkostenden Weine.

Es bleibt aber die kaum zu bestreitende Erkenntnis, dass auch wiederholte Analysen für sich genommen keinen Wein von hoher Qualität beweisen, da annähernd gleiche Analysedaten guten als auch geringeren Qualitäten zugeordnet werden können: ein guter Wein empfiehlt sich einem Liebhaber immer selbst, wie eine holländische Redewendung besagt; denn die während der Gärung oder später sich aus Alkohol und Säuren entwickelnden auch flüchtigen Aromakompo-

nenten lassen sich bei einer Verkostung sensorisch besser erfassen als durch alleinige Analysedaten.
Der Ansicht auch eines „Experten" unter den so kundigen Winzern kann man sich - zustimmend schmunzelnd - kaum entziehen, wenn er vergleichend schreibt, dass „Röntgenaufnahmen einer weiblichen Person" im weichen Strahlengang selbst in zwei Ebenen „keinen Rückschluss auf deren Anmut oder Schönheit" erlauben.
Auch analysierte Weine erschließen sich mit ihren dezenten Aromen und gerade von wahrnehmbar prägender „mineralischer" Art erst nach wiederholtem schluckweisen Probieren unter Beachtung einer eher niedrigen Trinktemperatur, die bei etwa 12 ° C liegen sollte, da dann erst vielfältige Aromen zur Entfaltung kommen. Rotweine öffnen sich dem Genießer dagegen erst bei 16 - 18 ° C, „temperiert" im Gaumen, vor Verdunstung des Alkohols, um dann erst im Geschmack so wahrgenommen zu werden.
Auf weniger „Fülle" und „Körper" lassen aber die Weine schließen, die niedrigere Extraktwerte in Abhängigkeit von Rebsorte, Standort, Jahrgang und Reifezustand aufweisen: Im Gegensatz dazu stehen die ohne Schalen und Kerne durch „ubiquitäre" Naturhefen oder auch selektierte Stämme vergorenen gehobenen Qualitätsweine aus geographisch und kleinklimatisch begünstigten Lagen; diese erhalten ihren über das Mindestmostgewicht des Beerensaftes hinausgehenden jeweiligen Qualitäts-Status (s.o.). Diese fruchtbetonten mit unterschiedlicher Restsüße ausgestatteten Weine mit aromatisch geprägten Düften und eingebundener Säure werden durch den vorhandenen Alkoholgehalt in ihrer Geschmackssüße noch verstärkt und finden in der „Edelfäule" oder den „Honigtönen" ihre höchste Intensität. Manchen

altersgereiften z. B. Riesling- und Traminerweinen ist eine spezielle Aromakomponente, der sog. Petrol-Ton (Teer - Petroleum - Kerosin) eigen, der annehmbar der Altersfirne vorausgeht und von manchen Liebhabern geschätzt und als besonders aromatisch empfunden wird, bei jungen Weinen aber doch als Weinfehler einzustufen ist. Die sortentypische Aromakonstante wird chemisch durch eine Dihydronaphthalin-Verbindung bestimmt.

In vinophilen Kreisen der Damenwelt erweisen sich diese Weine mit ihren betörenden nur langsam verflüchtigenden Aromen als Gaumenschmeichler; sie werden als „Duftikonen" bei sich bietenden Anlässen geschätzt und zeichnen sich dann erst durch ihre Nachhaltigkeit im „Abgang" aus. Die Verweildauer der geschmacksprägenden Aromastoffe im Mund nach dem Schlucken wird in der Zeiteinheit der sog. „Caudalie" in Sekunden gemessen; (cauda lat.: der Schweif, der Schwanz): 8-10 Caudalies entsprechen der Stufe der Qualitätsweine; bis zu 20 Caudalies Nachhall beweisen schon hochqualifizierte Weine, bis 50 Caudalies bieten dann Weine der Spitzenklasse.

Der hier gefragte Edelfäulepilz (Botrytis cineria) bewirkt auf unreifen Beeren durch Graufäule zwar erheblichen wirtschaftlichen Schaden, der bei (blauen) Rotweintrauben zum Verlust der in den Schalen gespeicherten Farb- und Aromastoffen führt; doch bei trockenem Herbstwetter ausgereiften weißen Trauben kommt allerdings bei geringer Erntemenge seine fruchtbare fermentative Tätigkeit mit seiner so geschätzten Eigenschaft im lang anhaltenden Abgang voll zur Geltung: als parasitärer säuregieriger Pilz - ohne den Zucker zu verschmähen - durchlöchert er die Beerenhaut. Durch die Poren verdunstet ein Wasseranteil der schrumpfenden Beere

(Rosine!), so dass der Zuckergehalt in der Traube steigt und die Konzentration von Weinsäure und Apfelsäure deutlich abnimmt. Die im folgenden Gärungsvorgang eingebundenen Hefepilze sind durch den hohen Zuckergehalt des Mostes überfordert, die enzymatische Spaltung der Polysaccharide hauptsächlich über Glukose und Fructose in Alkohol und Kohlensäure umzusetzen. Der Gärprozess wird beendet, und der mögliche mehrere hundert Gramm wiegende Zuckerrest wird in seiner vollen aromatischen Dichte durch begleitende mehrere Hundert chemisch nachgewiesener Duftstoffe mit betörend honig-würzigen Noten geschmacksbestimmend; die Weine mit 150° Oechsle und darüber hinaus sind als Beerenauslesen weltweit geschätzte „Tropfen", da sie mit nur 7,5 Vol % Alkohol niedrig „belastet" sind und dadurch eine „verträglichere" Eigenschaft mit 45 g Alkohol in der 0,75 l fassenden Flasche bieten.

Ein Blick auf das Etikett der Flasche weist den Alkoholgehalt in Vol% aus; auf der Basis der aufgerechneten Dichte entspricht 1 Vol% Alkohol einem Gewicht von 8 g Alkohol/ Liter Wein.

Für manche Weinliebhaber bieten sog. Eisweine noch eine Steigerung der Geschmacksempfindung. Die gefrorenen Beeren werden auch von Hand bei Temperaturen unter -7 °C bis -8 °C in der Frühe des Tages unter Scheinwerferbeleuchtung gelesen und auf kürzestem Wege einer vorsichtigen Pressung unterzogen: durch Ausfrieren des Wassers wird eine Erhöhung der Mostkonzentration und der Extraktstoffe erreicht, da der Gefrierpunkt des Traubensaftes tiefer liegt als der des Wassers. So erfährt nach der alkoholischen Gärung der Wein mit der Zeit seine höchste Reife, um dem Liebhaber dann durch seinen sensorischen Reiz „Geschmack am Genuß" zu vermitteln.

Weinsensorik

Nach der Aromenerkennung durch Riechzellen der Nase erfolgt über den Zungen- Schlundnerv die Geschmackswahrnehmung der vier Grundqualitäten für süß, sauer, salzig und bitter, die über Reizpunkte unterschiedlicher Empfindlichkeit der Geschmackspapillen vermittelt werden. Diese sind an vorgegebenen Zonen am Zungenrand, Zungengrund, Gaumensegel und Rachen angeordnet.

Die über andere Wärme - und Kältepunkte auf der Zunge und Mundschleimhaut „auf nassem Wege" über den Tastsinn vermittelte Trinktemperatur steigert ab etwa 13° C die Empfindung für die Geschmackssüße; jedoch ab etwa 18° C verflüchtigt sich der Alkohol durch Verdunstung, und die Wahrnehmung der Geruchsmoleküle wird deutlich gemindert. Die Fruchtaromen und die überwiegende Geschmackssüße werden nach Abschluss oder nach künstlicher Unterbrechung der unter Sauerstoffabschluss laufenden alkoholischen Gärung durch Absenkung der Temperatur oder der Hefefilterung je nach Ausbaustufe durch den verbleibenden Restzucker geprägt. Hierdurch wird das Verhältnis von Glukose zugunsten von Fruktose bei gleicher kalorischer Wertigkeit verschoben; sie erhält mit der ihr eigenen mehr als doppelten Süßkraft für Zuckerkranke nur eingeschränkte Bedeutung, wenn die Restzuckermenge aus 4 g Glukose und 16 g Fructose pro/L nicht überschritten wird.

Andererseits bieten sich trocken ausgebaute Weine mit niedrigeren Restzuckerwerten besonders für diätetisch oder medikamentös eingestellt Betroffene in angepasster sog. moderater Dosis von 20 - 40 g Alkohol pro Tag auch als appetitanregende und verdauungsfördernde willkommene Essensbegleiter an.

Eine besondere Affinität einer Hefespezies zur Glukose während der Gärung begünstigt dabei den Anstieg der Fruktose im oben genannten Sinne. Trocken ausgebaute Weine mit noch niedrigeren Restzuckerwerten werden erst durch enzymatischen Umbau der Molekülstruktur der vermehrt vorhandenen Fructose in nun weiter vergärbare Glukose möglich.

Dagegen sind von Aromafülle getragene edelsüße Weine mit hohem Zuckergehalt mit doppeltem kalorischen Wert belastet. Diesen Weinen mangelt es „an anregendem Speichelfluss und Magensaft lockender Säure“, die daher kaum einen Wunsch nach „mehr“ aufkommen lassen, da ein schnelleres Sättigungsgefühl erreicht wird.

Durch die Dauer der Maischestandzeit nach Aufbrechen der Beerenhäute werden die gerbstoffhaltigen „trocken“ ausgebauten mit weniger Restsüße aber höherem Alkoholgehalt ausgestatteten Rotweine geprägt: dabei wirkt sie als o.g. Kontaktzeit von gemahlenen Traubenkernen und Schalen kleinbeeriger Früchte mit großer Gesamtoberfläche im noch unvergorenem Traubensaft bestimmend mit. Besonders diese so in der Maische vergorenen und in Barriquefässern ausgebauten Rotweine bewirken eine „adstringierende“ mehr Berührungs- als Geschmacksempfindung auf der Zunge und der Mundschleimhaut, die durch eine gerbsäurebedingte Spaltung und Ausfällung des Speicheleiweißes hervorgerufen wird. Die Viskosität des Speichels nimmt dabei ab und verliert seine Aufgabe als Gleitmittel auf der Mundschleimhautoberfläche. Eine ähnliche Wirkung dieser wasserlöslichen Zuckerverbindung der Gerbsäure entfalten die zum Teil über Schmerzpunkte so empfundene Gewürzschärfe von: Pfeffer, Chili u. a. durch ihre ätherischen Inhaltsstoffe.

Der Tannin - Geschmack wird bei steigendem Zuckergehalt abgeschwächt; allerdings lassen trocken ausgebaute Weine die adstringierende Geschmacksempfindung besonders hervortreten; dabei mindert der Alkohol die Adstringenz nicht, während sie durch begleitende Säuren merklich verstärkt wird. In gerbstoffhaltigen Rotweinen wird dabei die fruchtige Geschmacksnote zurückgedrängt (Ausdruck einer sog. Konkurrenzerscheinung) [E.Peynaud]. Diese Weine empfehlen sich daher „chambriert" getrunken zu werden, weil dann die Geschmacksempfindlichkeit für Tannine geringer ist.

Die nach abgeschlossener alkoholischer Gärung auch aus Vorstufen entwickelten Primär-Aromen, auch Sorten-Aromen genannt, entstehen vorwiegend aus dem Fruchtsaft der gereiften Traube und aus der Beerenhaut.

Die als sekundäre Pflanzeninhaltstoffe geltenden bedeutungsvollen phenolische Verbindungen erweckten in den letzten Jahrzehnten zunehmend das Interesse der Wissenschaftler. J. Masquelier, Universität Bordeaux äußerte sich in seiner Eröffnungsrede auf dem internationalen Önologenkongress in Paris 1971 zwar nur am Rande über den Wein als ein im Wasser verdünntes alkoholisches Getränk. Er maß den im Wein noch vermuteten und den auch schon bis dahin bekannten nicht alkoholischen Bestandteilen eine größere Bedeutung für zukünftige Forschungen zu. Verschiedene dieser gesundheitsförderlichen Substanzgruppen, die auch als Gäraromen aus dem Most bzw. der Maischegärung verstanden werden, entstammen mit ihren prägenden Farb- und Geschmacksbitterstoffen den Traubenkernen, den Stielen, den Schalen der Beeren, weniger dem zunächst noch farblosen Traubensaft. Diese wurden in unterschiedlichen jahrgangsabhängigen Konzentrationen durch den Alkohol während der Dauer der Gärung durch enzymatischen Umbau der Hefen herausgelöst. Noch während der Gärung und der späteren Ausbauzeit im Flaschenlager entwickeln sich die Polyphenole über Jahre weiter in zyklischen kürzeren und längeren Phasen mit langsam ansteigender Konzentration und anschließendem verzögerten Abbau zu sortentypischen bukettreichen Weinen.

Beim so alternden Wein bestimmt der im Flaschenhals eingeschlossene Luftsauerstoff durch Oxydation unter gleichzeitigem Entweichen der Kohlensäure den schmeckbaren Entwicklungszustand der jeweiligen Reifephase. In einer Magnumflasche laufen die oxidativen Prozesse in einem Qualitätswein mit genügend hohem Extraktgehalt langsamer - mit verzögerter Reifung - ab, da das Luftvolumen im Flaschenhals relativ kleiner ist als das einer Normalflasche.

Vor etwa 30 Jahren wurden die bereits erwähnten auch in Obst- und Gemüsesorten vorkommenden natürlichen Verbindungen (z.B. in Tee, Kaffee, Olivenöl, Kakao) mit gesundheitsfördernden Eigenschaften an verschiedenen Organsystemen durch zahlreiche richtungweisende Untersuchungen und retrospektive Studien für die Gesundheit des Menschen erkannt, die sich dabei durch sog. antioxydative Eigenschaften auszeichnen.

Diese zahlreichen pflanzeneigenen zunächst gegen Pilzbefall und Schädlinge gerichteten Polyhydroxyphenole sind als **Tannine** = Gerbstoffe und **Anthozyane** als rot-blaue Farbpigmente bekannt, die mit größerer Ergiebigkeit aus bestimmten Traubensorten (z.B. „Tannat“-Traube) gewonnen werden, sowie die **Flavone** als gelbe Farbpigmente im Weißwein benannter Herkunft. Je nach Maischestandzeit und Ausbau im Eichenfass kommen diese biologisch aktiven

Polyphenole mit 500 - 4000 mg/L mehrheitlich im Rotwein und nur mit 200 - 400 mg/L im Weißwein vor. Sie zeichnen sich allerdings durch ähnliche der Gesundheit dienliche Eigenschaften aus, die z.B. der Gefäßverkalkung des Menschen vorbeugen und sich dabei gegenseitig in ihrer Wirkung ergänzen oder sogar übertreffen. Als auch mit vorbeugender Wirkung zu verstehende Substanzen seien das derzeit in Diskussion stehende Resveratrol und das Quercetin und ihre Derivate bei Rotwein und Tyrosol und Kaffeesäure bei Weißwein genannt, deren Bedeutung im Schlussabschnitt nochmals hervorgehoben wird.

In den Ruheperioden der Flaschenlagerung werden die Farbstoffe durch die Tannine ausgefällt. Letztere werden zum Teil auch noch während der Ausbauphase im Eichenfass aus den Dauben extrahiert. Ihre physiologische Aufgabe nach Weingenuss besteht auch abhängig von der aufgenommenen Nahrung in der verzögerten Resorption des Alkohols. Als natürliche Oxydationshemmer tragen sie zur Haltbarkeit des Weines bei. In der Zeit zunehmender Reife und schon alternder Weine senken sie sich als „Nebenprodukte" in ausgeflockten nicht mehr adstringierend wirkenden Farb- und Gerbstoffen im Bodensatz ab, die durch unvorsichtiges Dekantieren aufgewirbelt, aber vor dem Eingießen als Depot in der Flasche zurückgehalten werden sollten (s.u.). Der Säuregehalt vermindert sich während der Lagerung durch Esterbildung aus Säuren mit dem Alkohol unter Abgabe flüchtiger Aromastoffe. Der Wein entwickelt dabei einen mild-harmonischen nachhaltigen Geschmack, der sich mit den sog. „späten" tertiären Aromen (Honignote, Trockenobst, Petrolton, Sherryton) und den sie kennzeichnenden manchmal betörenden Düften wie sie sich von kundigen „Humeurs" im

Wein als Bouquet wahrnehmen lassen. Dabei wird der „magische Augenblick" als Schlüssel der Genuss- (Über)-reife erkannt und so auch als „Edelfirne" über die Zunge wahrgenommen. Eine in Prospekten eingegrenzte Lagerfähigkeit kann dann als weitere Reife mit noch annehmbarer Genußfähigkeit verstanden werden. Rotweine hellen im Alter vom Rand her auf, nehmen eine bernsteinfarbene Tönung an, während die Weißweine bei Überreife eine der Zwiebelhaut ähnliche Färbung annehmen und sich nach Jahrzehnten im hohen Alter in ihrem farblichen Erscheinungsbild dem alten Rotwein ähnelnd angleichen.

Eine Vielzahl beschriebener Duftschattierungen in verschiedenen Aromengruppen werden durch die sogenannte „gusto-olfactive" Empfindung [E. Peynaud] und nach dem Schlucken auf retronasalem Wege erfasst, unter der Voraussetzung, dass beim Probierenden ein uneingeschränktes Geschmacks- und Geruchsvermögen vorliegt; dabei bilden sich mit zunehmenden Alter die zahlreichen Geschmacksknospen auf Zungenspitze und -rand und Zungengrund von etwa 10.000 im Kleinkindesalter bis auf etwa 2.500 bei 80 jährigen Menschen zurück, so dass der Schwellenwert für die Wahrnehmung von Süßem auf das 3-fache (zwischen 0,5 und 4 g/l bei gesunden Probanden), von Saurem auf das 4-fache, von Bitterem auf das 7-fache und für Salziges (bei Gesunden etwa 0,5 g/l) sogar auf das 22 - fache ansteigen kann.

Darüber hinaus unterliegen beim alternden Menschen die magensaft- und säureproduzierenden Zellen der Magenschleimhaut einem ähnlichen Schrumpfungsprozess, der bis zu 70% der Ausgangswerte betragen kann; daher erweist sich die verdauungsfördernde Eigenschaft eines das Essen

begleitenden säurebetonten Weines sowohl als wirksame Ergänzung wie auch angenehmes Genußmittel. Bei säureempfindlichen Menschen wirkt der säurereduzierte (durch malolaktische „Gärung“) aber tanninreiche Rotwein oft als Labsal, unabhängig von seinen für die Gesundheit bedeutsamen Stoffwechselprozessen, mit denen sich die medizinische Wissenschaft durch namhafte Autoren über das sog. „French paradoxon“ seit Jahrzehnten beschäftigt (s.u.).
Bei der sinnbildlich umschreibenden Geschmacksempfindung bedient man sich einer nachvollziehbaren vergleichenden Wortwahl in Annäherung an Düfte von Pflanzen, Blumen, Blüten, Kräutern, Früchten, Gewürzen und erdigen Gerüchen, die diese flüchtigen wasser-, fett- und alkohollöslichen Moleküle beerenspezifisch verbreiten. Die den Aromen zugeordneten molekularen Partikel sind durch spezielle chemisch-analytische Verfahren erkannt, die auch in den zum Vergleich dienenden genannten Früchten nachgewiesen wurden. So beschriebene oberhalb der Geruchsschwelle liegende Geschmacksempfindungen werden durch Rezeptoren der Geruchsregion über den retronasalen Weg aus dem Wirbelstrom der Atemluft als Engramme in der „Aromabibliothek“ aufgenommen und im sensorischen Zentrum des Gehirns merkbar gespeichert. Bei einer erneuten Riech- bzw. Geschmacksprobe werden diese durch angelernte Assoziationen inhaltlich verknüpft und im Wiedererkennen vergegenwärtigt, vergleichbar einem suchenden Blick in einem alten Fotoalbum aus der weiten Verwandtschaft.
Bei jeder 5. Person führt allerdings eine gestörte „Sensibilität“ zu einem eingeschränkten Riechvermögen, wenn die Wahrnehmungsschwelle für mehrere hundert im Wein enthaltene Duftmoleküle anlage- oder krankheitsbedingt verän-

dert ist; Ungeübte sind aber durchaus in der Lage, die ihnen bekannten typischen Aromen überwiegend richtig zu erkennen und führen dann zu einem besonderen Geschmackserlebnis, während sich so mancher Liebhaber genüsslich in der Vielfalt der Aromen verliert.

Terroir

Neben der sensorisch fassbaren „**Mineralität**“ s.u. als Qualitätsmerkmal bei vorwiegend trocken ausgebauten Weinen, die auch durch ein hohes Extraktgewicht in der Wahrnehmung begünstigt wird, bezeugen meistens Riesling-, Chardonnay, Savagnin-, Sauvignon blanc, Silvaner, Gewürztraminer- und Pinot noir- , Cabernet Sauvignon- und Merlot-Weine ihre Herkunft: Das Terroir_macht sich in seiner jeweiligen eigenen Geschmacksausrichtung, der Prägung eben durch die ortstypische Zusammensetzung der Weinbergböden und ihrer dort vorherschenden „ubiquitären“ Gärhefen für die Aromenbildung bemerkbar. Auch der jetzt trocken ausgebaute säurearme aber körperreiche Grauburgunder aus Deutschlands südlichster und klimabegünstigter Anbauzone, dem vulkanischen Gesteinsboden des Kaiserstuhls, zählt zu den so Geprägten von neuerdings vorzüglicher Qualität, die vor etwa 25 Jahren immerhin der namhafte Autor Michael Broadbent damals noch als „vierschrötige, gefällige, eher harmlose Weine“ beschreiben konnte!
Der Weinfreund wird sich bei einer Verkostung zunächst der jeweiligen Traubensorte mit ihrer besonderen geschmacklichen Ausrichtung zuwenden; denn erkannte stilistische Eigenschaften der Trauben führen zu einem erhöhten Weingennuss, die bei solchen Weinen mit ihrem „Herkunftsnachweis“ deutlicher zur Geltung kommen, die nicht im Holzfass ausgebaut wurden.
Die terroir-bezogene Sinneswahrnehmung ist nach U. Fischer, Universität Kaiserslautern [Heym-Löwenstein]
objektiv durch anerkannte reproduzierbare Methodik im Geschmacksvergleich belegt und zwar mit identischen Rebsor-

ten auf gleichen Böden in verschiedenen Regionen wachsend und von einem Winzer unter gleichen Bedingungen mit ortstypischer Hefespezies ausgebaute Weine; somit bestätigt der Autor, dass also auch die Bodenstruktur der jeweiligen Lage die Herkunft des Weines sensorisch fassbar als Ausdruck des „Terroir“ mehr vermittelt, als über die „Mineralität“ (s.u.). In diesem Bemühen um eine Steigerung der Genußfreude möchten die Winzer den Genießern mit dem Qualitätssymbol ihres Weines, dem geschmacklich wahrnehmbaren „Abbild“ seiner geographischen Herkunft, „der Heimat des Weinstocks und der Reben“, vertraut machen.
Der Terroirbegriff im übertragenen Sinn hat sich in seiner heute umfassenden Bedeutung durch die schöpferische vom Eigenbedarf und Handel geprägte auch segensreiche Tätigkeit der Mönche in burgundischen Klöstern in mittelalterlicher Zeit richtungweisend für nachfolgende innovative Winzergenerationen entwickelt. Es stimmt schon denkwürdig, dass die Kenntnis vom Weinanbau und -ausbau zum Teil heute noch zum Ausbildungsprogramm der Missionare gehört [Heym-Löwenstein].
Mit der im Jahre 1855 vorgenommen Klassifizierung der Rebflächen unterschiedlicher Lagen in der Region Bordeaux - sogar in exakt ausgewiesener Quadratmetergröße - durch das AOC-System im Sinne einer kontrollierten Herkunftsbezeichnung wurde auch die empirisch gewonnene Beobachtung festgeschrieben, dass gute Weine auch in schlechten Jahren, allerdings auf bevorzugten Lagen naturgegeben gedeihen, sogar auf Böden, die aus landwirtschaftlicher Sicht weniger fruchtbar und daher unergiebig sind.
Schon Herr Arnoldi, tätig als Wein-Arzt aus Winningen, Mosel, stellte 1860 fest: „ Wo ein Pflug kann gehen, soll kein

Rebstock stehen.“ Früher, 1644 wurde bereits eine Rangordnung der Anbauflächen in Lagennamen in Würzburg festgelegt, und an der Mosel ist seit napoleonischer Zeit auch eine Klassifizierung in späteren Flurbezeichnungen überliefert. Während H. Johnson im „Großen Weinatlas“ von 1992 noch den Begriff des „Terroir“, da nicht erwähnt, vermissen lässt, erläutert der „Larousse“ von 1952 den Begriff: „Goût de terroir: Goût particulier à certains vins, dû en partie à la nature du terroir“: Nur bestimmten Weinen wird Terroircharakter zugestanden, aber auch manchen Weinen, die ihre Qualität nur zum Teil der Natur des „Terroir“ verdanken. Der Begriff umfasst im weitesten Sinne Interaktionen von Bodenqualität durch die Bodenstruktur als gegebene nicht messbare Größen, die sich durch Menschenhand daher kaum beeinflussen lassen: Muschelkalk- Lehm- und Granitböden, Buntsandstein, Vulkangestein oder Schieferböden; letztere tragen durch ihre blätterteigartig aufgebaute Schichtung zur Wärmespeicherung und einer bis zu 30%igen Rückstrahlung zugetragener Sonnenenergie bei. Ferner sind Bodenfeuchtigkeit in Rebwurzelnähe und Wasserdurchlässigkeit des Bodens naturgegebene Voraussetzungen für Rebenwachstum und Traubenreife in möglichst nach Süden ausgerichteten Hanglagen.

Neben der mit dreifach höherem Aufwand in den „zufälligen Naturterrassen“ [J. W. v. Goethe] erforderlichen kräftezehrenden Arbeit in gebückter Haltung, sind es die schichtweise im kleinen Winkel gegen die Hangneigung aufgerichteten sog. Trockenmauern, die terrassierte Flächen stützen und durch Schiefergesteinsstufen begehbar werden. Sie erleichtern etwas dem Winzer die Bodenbearbeitung und bewahren das Erdreich an der Oberfläche vor erosiven Kräften.

Wertvolle Hilfen leisten sog. Monorack-Bahnen, die dem Transport von Arbeitsmaterial in Steillagen dienen und das spätere Lesegut schonend talwärts befördern und auch einen kleinen Personenverkehr ermöglichen.

Andere von verwilderten Altrebenbeständen besetzte und von Schädlingsbefall gezeichnete Lagen sowie von Brombeersträuchern überwucherte Flächen aus vergangener Zeit werden wieder urbar gemacht, indem man durch Neuanpflanzungen und Ausrichtung der Rebzeilen eine Erleichterung der Arbeiten im Weinberg auch durch technische Hilfsmittel ermöglicht. Diese Neuanlagen prägen heute eindrucksvoll das Bild dieser Kulturlandschaft. Als Blickfang von weither dienen Weinbergsonnenuhren, die in vorspringenden Gesteinsflächen der Steilhänge eingearbeitet sind und an die symbolisch im Wein eingefangene Zeit erinnern.

Tages- und Nacht - Temperaturschwankungen werden durch aufsteigende Warmluft- und absteigende Kaltluftströmungen ausgeglichen und verzögern so die Verdunstung. Sie gelten mit Sonnen- und Regentagen als kleinklimatische Gegebenheiten mit nahezu mineralstoffarmen Niederschlägen für das Rebenwachstum in jahreszeitlicher Verteilung. Ferner tragen Bakterien, Pilze, Schnecken, Gewürm und andere Kleintiere dazu bei, die oberflächlich gelegenen Bodenschichten zu lockern.

Großporige Gänge im Boden wirken wasserabführend bis in Grundwassertiefe und fördern die Durchlüftung, während kleinporige Durchlässe zwischen den Festpartikeln des Bodens als Wasserspeicher dienen, in denen das Wasser gegen die Schwerkraft festgehalten wird. Neue bestätigte Untersuchungsergebnisse besagen, dass die chemische Zusammensetzung bzw. Analysen der „Mineralität“ der Weinbergböden und ihrer Unterlage erhebliche Differenzen aufweisen und für die Weinqualität der Lagen von geringerer Bedeutung sind als die bereits angeführten physikalischen Gegebenheiten in der Bodenstruktur; z. B. steht eine bestimmte Bodenazidität (bei einem pH-Wert unter 3-5) mit dem Säurespiegel des Weins in keinem geschmacklichen Zusammenhang.

Die im Boden aus ihrer Umgebung nach ergiebigem Regen durch Ausschwemmung gelösten „mineralischen“ Substanzen gelangen aus einer Tiefe bis 20 Metern über die weit verzweigten Wurzelhaare in die Reben. Das Spannungsgefälle zwischen Wurzelfasern und Blattwerk bei meterhohen Rebstöcken stellt die treibende Kraft der osmotischen Wirkung dar. Auf solchen Böden gedeihen die ortstypisch zugelassenen bzw. vorgeschriebenen Rebsorten mit widerstandsfähigen Eigenschaften gegen Rebkrankheiten und ihrem spezifischen Weincharakter, der andernorts mit der gleichen Rebsorte so nicht in vergleichbarer Qualität zu erzeugen ist. Er wird schmeckbar bei Weinen, die auf den genannten Böden unterschiedlicher Steinarten und Zusammensetzung mit ihren gespeicherten sog. Mikronährstoffen wachsen; sie sind als Spurenelemente mit ihren im Einzelnen zum Teil noch ungeklärten Eigenschaften nachweisbar; aber die sog. Makronährstoffe sind als Phosphate (K, Ca, Mg) schon in erkannten Funktionen im Wachstum und Reifung der Reben wirksam und auch in der Steuerung des Wasserhaushalts und im Elektrolytstoffwechsel des Menschen unverzichtbar eingebunden. Sie entstammen ihren „elementaren“, anorganischen Verbindungen, die im späteren Gärungstoffwechsel bei der Weinbereitung ihre eigene Bedeutung haben, in dem sie bestimmte Geschmackseigenschaften von aromatischer

Art und farblicher Dichte betonen. In der Weinbergpflege lassen sich zwar durch Bodenbearbeitung Mineraldefizite durch gezielte Düngung ausgleichen, aber keine Steigerung der qualitativen Ausbeute: verstärktes Wachstum der Reben unter Verlust des Terroircharakters wären die Folgen.

So erlauben wiederholt vorgenommene Rebblattanalysen zum Ernährungszustand und Rebenwachstum auch über die Konzentration des Stickstoffgehaltes hinaus einen Hinweis auf Laubwuchs, die Fruchtbarkeit und das zu erwartende spätere Mostgewicht des Beerensaftes, der nach einer längeren Vegetationsperiode dann ausgeprägte Fruchtaromen erwarten lässt.

Hochwertige Weine reifen vorwiegend auf Böden, in denen sich das Wurzelwerk um Nährstoffe aus den Untergrundschichten mühen muss. So werden alle Inhaltsstoffe in ihrer Gesamtheit erfasst, die als Teile bzw. Vorstufen der Aromen und der Extrakte die spezifische Eigenart des Weines durch ihren schmeckbaren eigentlichen Charakter bestimmen und als „Terroir“ durch den Menschen erkannt werden.

Amerikanische Vinologen und in weitem Fachbereich erfolgreich tätige Autoren deuten den in Europa gepflegten Terroirbegriff mit erfahrbarer Geschmackempfindung als reine „Lagenmythologie“ oder gar als „modisches Geschwätz“ [Weinwelt 4/2009]; auch von einer illusionären Vorstellung ist die Rede. Dies erfolgt offenbar in Unkenntnis oder durch tatsächliche Fehleinschätzung nach dem Motto: „Der Boden hat nichts anderes zu liefern, als Halt für die Wurzeln, Wasser und Nährstoffe. Zwischen den Nährstoffen und dem Geschmack des Weines gibt es keinen direkten Zusammenhang.“ [Beat Koelliker]

Eine leider länderübergreifende allgemein gefasste und sehr

zu hinterfragende Aussage! Sie lässt sich individuell nur in beweisbaren Einzelfällen begründen oder widerlegen. Mit methodisch anerkanntem Verfahren wurde ein direkter Zusammenhang nachgewiesen, wie U. Fischer, Universität Kaiserslautern, schon berichtete [Heym-Löwenstein].

In den USA datiert erst seit wenigen Jahren die Bodenkartierung großflächiger Anbaugebiete mit topographischen Gegebenheiten, großklimatischen Bedingungen, Bodenstrukturen und Rebsortenauswahl. Große Lesemengen auch verschiedener Rebsorten ohne Berücksichtigung ihrer jeweiligen örtlichen Herkunft werden als Cuveé-Weine- d.h. als Verschnitte von Weinen verschiedener Rebsorten- allerdings dennoch in beachtlicher konkurrenzfähiger Qualität ausgebaut und auch über den Export vertrieben. Für europäische Winzer bedeutet die **physiologische** Reifung - als natürliche Reife, die der (späteren) **phenolischen** Reife zeitlich vorausgeht - das auf Erfahrungsbasis beruhende subjektive Maß für Fruchtsüße, mild - herbe Säure bei der Geschmacksprobe, Verfärbung und wenig Bittergeschmack der Traubenkerne sowie Beerenhautdicke und deren weiche Elastizität. Die Prüfung erfolgt bei höheren Außentemperaturen an mehreren aufeinander folgenden Tagen vor Ort an einzelnen Beeren verschiedener Stöcke, da pro Sonnentag mit einem Anstieg von 1-2 Oechslegraden im Most gerechnet werden kann, aus dem sich der zu erwartende Alkoholgehalt und das Extraktgewicht bestimmen lassen. Die Messung wird refraktometrisch vorgenommen oder genauer durch Laboranalysen, um über die steigende Zuckeranreicherung im Beerensaft bis 250 g/L und die etwa zeitgleiche temperaturabhängige Abnahme der Apfel - und Weinsäurekonzentration (mit pH-Anstieg) den Reifegrad und dadurch den optimalen Lesezeitpunkt zu ermitteln.

Dabei gilt es zu berücksichtigen, dass sich beispielhaft der aus der Sauvignon blanc - Traube gekelterte zu einem früheren Zeitpunkt gelesene und schon bald zu trinkende Wein mit einem gewissen Säuregrad schmeckbarer Intensität zeigt und im Geschmacksbild durch „grüne" Aromastoffe mit „grasigen Noten" geprägt ist: Wahrnehmbar wie am frisch geschnittenen Heu, an grüner Paprika und grünen Bohnen sowie Tomatenkraut, ähnelnd dem „Geschmacksprofil" eines solcher Art unter Sauerstoffausschluss vergorenen Weines. Das etwa 14 Tage später in gestaffelter Lese eingebrachte gereiftere Traubengut gleicher Lage ergibt einen Wein mit exotischen Aromafruchtnoten von Grapefruit, Cassis, Pfirsich und Marakuja, die chemisch-analytisch den Thiolen entstammen; die enzymatischen Eigenschaften der Gärhefen unter nun oxidativen Bedingungen treten hier deutlich zu Tage.
An der Schnittstelle der sich beinahe kreuzenden und ineinander übergehenden Geschmacksausrichtungen der früher und der später gelesenen Trauben offenbart sich die sensorisch eindeutige durch Säure und Mineralität gestützte Wahrnehmung für Holunderblütenduft, der in der Literatur übereinstimmend als aromatypisch angegeben wird, wie O. Fischer schreibt und diese Zusammenhänge in einem „sensorischen Profil" anschaulich dargestellt hat.
Andere assoziative Geruchsempfindungen, mehr terroirgeprägt durch die Bodenstruktur, drängen sich bei der sensorischen Prüfung auch auf, wie an anderer Stelle erwähnt sein wird.
Regional voneinander abweichende kleinklimatische Gegebenheiten lassen mit der physiologischen Reifung unterschiedlich hohe Volumenprozente Alkohol erwarten: zwischen 7 Vol% und max. 15 Vol% werden auch durch gezielten Einsatz ausgewählter Gärhefen möglich. Dagegen

sind höherprozentige Weine (Madaira, Porto) durch Zugabe von reinem Alkohol „aufgespritete“ Weine.
Die Traubenreife als phenolische Größe ist maßgebend für den Gehalt an Farb- und Bitterstoffen besonders bei der Rotweinbereitung mit gehobenen Qualitätsansprüchen (s.o.). Dieser Reifegrad wird auch über spektralanalytische Messungen erfasst, mittels Satellitentechnik übertragen und damit zeitnah der Lesezeitpunkt bestimmt.
In mitteleuropäischen Regionen ist der messbar erfasste kontinuierliche Temperaturanstieg seit etwa 40 Jahren als Zeichen eines kaum zu leugnenden Klimawandels durch wärmere Sommer mit weniger Niederschlägen und milderen Wintermonaten zu deuten.
Im Verlauf dieser Veränderungen setzt mit Aufsprießen der Augen und Öffnung der Blütenkelche die beginnende Entwicklungsphase der Trauben ein. Die Herbstzeit lässt dann unter obwaltenden kleinklimatischen Bedingungen in kürzerer Zeit fruchtig - gereifte Trauben erwarten, während dessen sich die physiologische Reife (s.o.) und die phenolische Reife zeitlich aufeinander zubewegen (S. Pigott) und sich somit die Blüte-, Wachstums- und Reifephase (Vegetationszeit) verkürzt. In diesem Stadium verringert der Weinstock sein Wachstum. Durch vermehrte Sonneneinstrahlung steigert die Fotosynthese sich in ihrer Leistung. Während der Polysaccharidgehalt dadurch in den Beeren verzögert eingebracht wird, vermindert sich etwa zeitgleich das Verhältnis der prägenden Fruchtsäuren (Apfel - und Weinsäure) zueinander im Saft der Trauben.
Eine Erhöhung von 7 Oechsle - Graden lässt dann über den errechneten Zuckergehalt aus dem Mostgewicht einen Anstieg der Alkoholkonzentration um 1 Vol.% erwarten, wobei

jedes Gramm mehr gespeicherter Zuckermoleküle 0,47 g Alkohol liefert. Die reintönige „Mineralität" als sensorisch fassbare Dimension ist auf kalkhaltigen Böden und vulkanischem Basaltgestein sowie auf Schieferböden besonders ausgeprägt. Kleinklimatische Bedingungen im ortsbezogenen Umfeld tragen mit dazu bei. Ökologischer Anbau bei alterndem Rebstöcken mit tiefgreifenden Wurzeln lassen wünschenswerte Erträge erwarten: durch Bodenbearbeitung, Komposteintrag und Begrünungspflanzen, durch Bestockung unter Beachtung der Pflanzendichte, ferner durch Entblätterung vor der Blüte und manuelle Fruchtausdünnung im Hinblick auf Traubenreife mit den sie prägenden beereneigenen Aromen. Die Ausrichtung der Rebzeilen bei der Anpflanzung richtet sich nach dem Sonneneinstrahlungswinkel. Zunehmend wird auf Einsatz chemisch - synthetischer Dünge- und Pflanzenschutzmittel gemäß einer noch aktuellen EU-Bioverordnung verzichtet. Die Ausbaustufe der Weine mit niedrigerem Restzuckergehalt („trocken") oder auch Weine mit weniger fruchtbetonten Aromen und bindender Säure bergen eine „mineralische" Note, unabhängig vom „Reichtum" an Mineralsalzen, wie noch ausgeführt wird.

Im bereits erwähnten Lexikon „Larousse" wird der Autor Brillat-Savarin (1800) ausdrücklich nur als Gastronom ausgewiesen. Er ist in Frankreich als „Goethe de Goût" durch seine Darstellung im Buch „ Die Physiologie des Geschmacks" über die Grenzen hinaus bekannt. Dieser Autor beschreibt unsere Geschmacks- und Geruchsempfindung als „einen Sinn, dessen Labor der Mund und dessen Nase der Kamin ist", wobei allerdings der Geruchssinn dem Geschmackssinn als überlegen geschildert wird. Als Autor geistreicher Werke über die kulinarischen Tafelfreuden in dreißig Abschnitten seiner „Meditations“ [J. Hügl] weiß die Nachwelt ihn eher als „Gastrosophen“ zu schätzen. In diesem Buch wurde dem Wein nur wenig Beachtung geschenkt, wobei er nur einmal die Qualität eines Weines im Besonderen als „schmeckbar“ beschreibt: „Die Qualität eines Weines schmeckt man eher, als dass man sie beweist“, [P. Poupon 1973, in E. Peynaud] wobei er den Geruchssinn in seiner Bedeutung eingeschlossen weiß. An anderer Stelle äußert sich der so Bezeichnete auf seine Weise:

> „G a s t e r e a“ ist die zehnte Muse,
> sie ist die Herrin der Geschmacksfreuden.
> Sie hätte ein Anrecht auf die Weltherrschaft,
> denn die Welt ist nicht ohne Leben,
> und alles, was lebt, nährt sich.
> Mit besonderer Vorliebe hält sie sich in Gefilden auf,
> in denen der Weinstock blüht,
> der Orangenbaum duftet.....“

Dem Terroir-Gedanken nahestehende Winzer haben aus den daraus abzuleitenden Erwartungen ihre Vorstellungen über naturnahe Bodenbearbeitung und Rebstockpflege überdacht. Negative Erfahrungen in den 70er Jahren durch gescheiterte und z. T. unergiebige Versuche zur bloßen Ertragssteigerung ohne besonderen Qualitätsanspruch mit den in Ebenen angelegten neu bestockten „Weinfeldern“ führten zum Umdenken. „Weinberge“ in Hanglagen wurden wieder unter naturnahen Bedingungen gepflegt. Geringst möglicher Einsatz erlaubter und verträglicher chemischer Mittel bewahrten die Weinstöcke vor natürlichen Feinden unter Schonung nützlicher Kleinlebewesen. Durch Einsaat von Grünpflanzen,

Kompostierung und auch durch Eintrag von Stalldung näherte man sich dem Verständnis für biodynamischen Anbau.

Bei der Weinbereitung verweisen die Winzer wohlbegründet auf die sich über Wochen bis Monate erstreckende Gärungszeit ihrer „langsamen" Weine; sie verzichten auf fragwürdige Enzymeinsätze, sowie auf umstrittene Verfahren zur Mostkonzentration. Dieser Art bereitete Weine bezeugen das Terroir durch die Einzigartigkeit ihrer Herkunft; sie erscheinen im Angebot der Winzer nun doch als wahre Kontrapunkte zur „abgestandenen" Wirklichkeit mancher Angebote der Supermärkte als zu meidende Massenware, die nicht nur qualitativ sondern auch durch einen Weinfehler anderer Art auffällt und in einem späteren Abschnitt Erwähnung findet.

Mineralität

Der schon zitierte „Larousse“, sowie andere neuere Nachschlagewerke, der „Duden“ , sogar das „Oxford-Weinlexikon“ in seiner letzten Ausgabe 2007 (!) führen das Substantiv „**Mineralität**“ und „mineralisch“ als ausschmückendes Charakteristikum nicht. Lediglich das „Mineral“ bzw. dessen Plural sind als feste Bestandteile der Erdkruste, als Zusammenballung im Gestein als anorganische Salze in gelöster Form mit geschmacksbildenden Eigenschaften im Wein bekannt. Diese sind auch im menschlichen Organismus für biochemische Reaktionen im Intermediärstoffwechsel unverzichtbar. Die „mineralische“ Note wie auch die „Adstringenz“ mit mehr über den Tastsinn „spürbaren als schmeckbaren bzw. riechbaren Elementen“ [M. Darting] deutet [P. Bosch] in ihrem Buch „Weingenuß“ treffend in griffigen Worten: „Ein Touch kühler Note ist das Geheimnis“; so steigert sich bei niedriger Trinktemperatur über Kältepunkte der Mundschleimhaut als Teil des Tastsinns die Empfindlichkeit für Mineralität und Adstringenz.

Erst wiederholte Verkostungen lehren mit zunehmender Erfahrung eine sensorisch wahrnehmbare Spur für „Mineralität“ bewusst aufzunehmen, die nur umschreibbar als ein fehlender sonst zu benennender „Geschmackscharakter“ zu empfinden ist, wie etwa Beispiele aus dem großen im Gedächtnis abgelagerten Aromenspeicher.

Wie M. Darting in seinem vor Jahresfrist erschienenen Buch „Sensorik“ darzustellen weiß, ist die von der Bodenstruktur getragene und bei Trinkgenuss zu empfindende mineralische Note nicht riechbar und daher nur mit einem etwa 25 %igen Anteil am „Terroir-Erlebnis“ eingebunden. Nach des Autors annehmbarer Feststellung lässt sich die Mineralität im

Wein, durch die Höhe der zuckerfreien Extrakte gestützt, im vorderen Mundbereich als „pelzig - seidiges, stumpfmachendes anhaltendes Gefühl“ wie nach Rhabarbergenuss empfinden, das die Wahrnehmung für die bereits genannten Grundgeschmacksqualitäten sogar zeitlich überdauern soll. Mineralität ändert sich im „Geschmacksbild“ während der Flaschenlagerung im Gegensatz zu den jeweils wahrzunehmenden Aromen nicht.

Andererseits ist Mineralität als so „fassbare“ taktile Größe die niedrigste Wahrnehmungsstufe auf dem Weg zur Geschmacksempfindung von Salzhaltigem, wie sie etwa bestimmten Sherrysorten und Rotweinen aus der Mourvèdre-Traube (Bandol, Provence) eigen ist. Ausgeprägte Mineralität täuscht also nur in Annährung eine salzige Note vor. Es bedarf schon einer gewissen Überzeugungskraft und Trainingsbereitschaft, eine Berührungsempfindung dieser beschriebenen Art an den Zähnen und auch über sensible Äste des großen Gesichtsnerven an der Zahnleiste und Zungenspitze spürbar werden zu lassen und dabei Aromen prägende Düfte bei der Wahrnehmung über die Riechzellen für Augenblicke auszublenden.

Über die Berührungsempfindung der Rezeptoren der Mundschleimhaut hinaus wird auch die Viskosität des Weines erkannt, die sich in Abhängigkeit vom Restzuckergehalt und von der Alkoholkonzentration ausbildet (s.u.).

Unsere Väter wussten solche derart „mineralisch“ geprägten Weine schon als „erdig“, „metallig“ oder „stahlig“ eher im Nachgeschmack „als gelungene Vorstellung zum eigentlich Unsagbaren“ zu verstehen, ohne die „Mineralität“ so empfunden oder so benannt zu haben. Unbewußt, aber schon ahnend, bewegten sich unsere vinophilen Vorfahren in den

Tiefen des „Terroirs“, dessen umfängliche Bedeutung erst Jahre später in der Rückbesinnung erfasst wurde und heute zunehmend in vieler Leute Munde ist.

Obwohl bisher kein chemischer Grundstoff definiert ist, der die „Mineralität“ kennzeichnet, ist die Tatsache der subjektiven Wahrnehmung nicht zu leugnen: „Wir sollten nicht sagen, der Wein schmeckt nach Schiefer, sondern die Bodenstruktur macht sich durch ihre Zusammensetzung im Wein bemerkbar“, d. h. auf mineralischen Böden nehmen die Reben mit ihrem reich verzweigten Wurzelwerk das „Terroir“ auf, eine erstaunliche Fähigkeit, die beispielhaft der Sauvignon blanc-Traube und der noch zu nennenden anderen auf ihren Böden eigen sind; dabei präsentiert sich die Rieslingtraube nach langer Reifeperiode durch große Geschmacksfülle, wenn zudem die alkoholische Gärung über (ubiquitäre) Umwelthefen spontan beginnt und sich im langsamen Ablauf über mehrere Monate vollzieht.

Die Empfindung der „Mineralität“ hinterlässt einen eigenen „Geschmack“, dem allerdings bisher keine chemische Grundsubstanz zuzuordnen ist (s.o.). Aromen wie die sensorisch fassbare „Mineralität“ sind nicht durch spezifisch gelöste Elemente aus ihrer jeweiligen Verbindung erklärbar; Aromen entwickeln sich langsam durch zunehmende Esterbildung von Alkohol und Fruchtsäuren während und nach der alkoholischen Gärung unter hauptsächlicher Beteiligung der bekannten Hefen und ihrer als Biokatalysatoren wirkenden Enzyme unbekannter Zusammensetzung. Die Mineralität im „Geschmacksbild“ ändert sich im Gegensatz zu den Aromen während der Flaschenlagerung nicht.

In Abhängigkeit vom Extraktreichtum sind folgende Bedingungen für die Ausprägung der „Mineralität“ im Geschmacksbild annehmbar:

1. Trockene Vegetationsperioden in Abhängigkeit vom Wasserspeichervermögen und Wasserdurchlässigkeit des Bodens lassen eher fruchtige Weine mit konzentrierten Beerensäften erwarten. Sie verbreiten aromatische Duftnoten, sind aber kaum „mineralisch“ geprägt. In Perioden häufiger Niederschläge und dadurch bedingten verstärkten Verwitterungserscheinungen in tieferen Schichten aus Muschelkalkstein oder Schiefer werden eher Weine mit betonter „Mineralität“ und geringerer Aromatik zu erwarten sein, gerade dann, wenn die Erntemenge pro Stock und bepflanzter Fläche niedriger ausgefallen ist [M. Darting]. Auch Zeiten geringerer Sonneneinstrahlung - wolkig bedeckte Himmel - in der Vegetationsperiode verlangsamen durch Auskühlung des Bodens das Rebenwachstum und führen durch Verwitterung auf chemischer, physikalischer und biologischer Art zur Anreicherung mit „Mineralien“. Lösliche „Minerale“ werden im Umfeld der Fußwurzeln durch Ausschwemmung über einen Ausgleich der osmotischen Kraft aufgenommen.
2. Der Säuregehalt gemessen in g/l (Weißwein 5 - 10; Rotwein 4 - 6) ist bezogen auf die organischen Säuren in Abhängigkeit von der Traubenreife: Als Hauptkomponenten gelten Weinsäure, Apfelsäure als nichtflüchtige Säuren und Zitronensäure, während Milchsäure aus dem biologischen Säureabbau und Bernsteinsäure sowie die Gerbsäure mit geringen Anteilen (Weißwein bis 0,5 g/l , Rotweintrauben bis 2 g/l) und als flüchtiges Nebenprodukt die Essigsäure durch Sauerstoffkontakt bei der Gärung gebildet werden. Mit zunehmendem Säuregehalt besonders der Weißweine -also bei abnehmendem pH- in kleiner prozentualen Abstufung wird die „mineralische“ Note stärker, anfänglich

linear steigend; ab einer bestimmten Säurekonzentration auf der fast parallel laufenden Skala der Empfindungsstärke „sozusagen auf halbem Wege“ wird der Geschmack von „Mineralität“ nicht mehr steigerbar, d.h. ein noch so säurebetonterer Wein wird keine stärkere mineralische Geschmacksnote bieten. Andererseits wird ein Wein mit niedrigerem Säuregrad als wenig mineralisch empfunden. Das mineralisch „Kühle“ im Geschmack nimmt mit zunehmender fruchtig - würziger Note ab. Der vorhandene Alkohol mit dem ihm eigenen süßlichen Geschmack hat keinen neutralisierenden Einfluss auf die Säure.

3. Der Zuckergehalt (sog. Restsüße) ist die verbleibende nichtvergorene Saccharose - weniger aus Glukose und überwiegend Fructose bestehend - nach der Gärung in g/l in Abhängigkeit von der Ausbaustufe (s.o.). Nahezu durchgegorene „trocken“ ausgebaute Weine haben einen entsprechenden Säuregehalt (Weißweine 2g bis 10g/L, bei Rotweinen 4g bis 6 g/L), der sonst den Zuckergehalt geschmacksbestimmend überlagern würde: von etwa 2 g/L „trocken“, bis 9 g/L im Bereich Mosel, bis max. 13 g/L in Rhein-Hessen. Bei säurebetonten Weinen wird eine relativ höhere Restzuckermenge gewünscht und dadurch der Fructoseanteil mit höherer Süßkraft im Restzucker angehoben. Hier sind mineralische Noten dann weniger deutlich; allerdings wird die Mineralität im Geschmack in trocken ausgebauten Weinen mit mehr als 12 Vol/% Alkohol auch weniger spürbar; bei Weinen mit höherem Restzucker geht die Geschmacksprägung für „Mineralität“ ,der charakteristischen Individualität verloren und wird durch reife, blumig, fruchtige Noten überlagert. Daher ist sie nicht mehr wahrnehmbar oder sogar nicht existent.

Eine höhergradige Restsüße kann somit einen zu säurebetonten Anteil im Wein mit etwas höherem Alkoholgehalt geschmacklich ausgleichend einbinden; „harmonische" Weine mit Extraktgewichten (s.o.) aber unabhängig vom Mostgewicht präsentieren sich im optimalen Verhältnis von Säure zu Alkohol 1:2 oder auch in trocken ausgebauten Weinen mit kleineren Restzuckerwerten bei leicht erhöhtem Säurespiegel und einem mittleren pH-Wert von 2,8 - 3,2 , wie er sich auch bei gesunden Erwachsenen in etwa gleicher Höhe im Magensaft bestimmen lässt und so der Bekömmlichkeit dient.
Beim Genuß säurebetonter Weine empfiehlt sich dabei als Säurepuffer z.B. das „stille" Wasser aus der Vulkaneifel (oder „medium"), das den Geschmackscharakter des Weines kaum beeinflußt.
Ein Zehntel des Mostgewichtes sollte dem Säurewert entsprechen und gilt dann auch als „ausgewogener" Wein: dabei lassen sieben Oechsle ca. 1 Vol% Alkohol erwarten.

In der Physiologie der Rebe ist manche Frage nach noch unbekannten Inhaltsstoffen nicht beantwortet, zumal Alkohol für sich allein nicht als wertvollster Inhaltsstoff gilt.
Beispiele für eine umschreibende Annäherung an frische „schmeckbare" Mineralik werden auch an assoziative Geruchsempfindungen geknüpft, wobei aber fehlende objektivierbare Worte für die degustatorische Umschreibung eher nicht die sinnliche Genußfreude des Liebhabers trüben; sie lassen aber dennoch Weine mit großem Wiedererkennungsmerkmal im Gedächtnis zurück: Bei der Chardonnay - und

Silvaner - Traube z.B. macht sich die „Mineralik“ des Muschelkalkbodens deutlich bemerkbar.
Die Sauvignon-blanc-Traube zeigt neben der aromatischen Prägung eine „Feuersteinnote“ mit eigentümlicher sensorischer Wahrnehmung als Geruchsassoziation: wie bei aneinander geriebenen befeuchteten Kieselsteinen, wie Jodgeruch am Meer, wie eine frisch geöffnete Auster, wie die Geruchsempfindung in der Nähe von elektrischen Umspannungsstationen bei Windstille, wie auch in der Nähe eines Schweißvorganges mit Elektroden unter Ozongasbildung.
Bei der Riesling-Traube macht sich die Struktur des Schieferbodens auch anteilig an der „Mineralität“ bei geringer Restsüße des Weines bemerkbar mit assoziativer Verknüpfung: wie bei aneinander geriebenem Schmirgelpapier.
Die weiße Savagnin - Traube (Region Jura - Savoyen) - nicht zu verwechseln mit der Salvagnin - Rotweintraube aus dem Waadtland - ist durch eine ihr innewohnende eigenwillige sensorisch fassbare Note markant: Einem trocken ausgebauten Cherry ähnlich, wie etwa auch der spanischen Palomino - Traube annähernd, die an eine grüne unreife Nuß erinnert.
Als weiteres Beispiel sei die Gewürztraminertraube von kupferroter Farbe genannt, die besonders im Elsass in später Lese geerntet, mit konzentrierten Würzaromen (Muskat, Nelke) ausgestattet und von einzigartigem unwiderstehlichem Bouquet (Rosenduft) geprägt ist, an dem sich die Geister durch „den großen Fehler wegen des opulenten Aromas“ scheiden, „zu viel von allem Guten zu besitzen“.
Damit näherten wir uns auf bildhaft umschreibenden Umwegen durch die blumenreiche „Aromasprache“ dem annähernd sinnlich einprägsam Wahrnehmbaren; dem Weinlieb-

haber erschließt sich so vielleicht eher das Geschmackserlebnis, das über den Geschmackssinn, das Geruchsvermögen, und über die Berührungsempfindung erfasst wird und sich sogar als ästhetische Größe dem betrachtenden Auge erschließt.

Hefen - alkoholische Gärung

Heutzutage werden durch Kühlsysteme die Gärvorgänge bei 22 - 25 ° für Weißwein optimal steuerbar; sog. ubiquitäre Hefen oder zugefügte Reinzuchthefen wandeln vorzugsweise die Glukosemoleküle aus dem Fruchtspeicher der Beeren in Alkohol, CO_2 und Glyzerin unter Wärmebildung um. Hierbei wirken Vitamine und Spurenelemente und Biokatalysatoren als Enzyme unbekannter Zusammensetzung mit. Aroma prägende Substanzen aus ihren natürlichen Vorstufen überraschen später bei der sensorischen Prüfung durch ihre vielfältigen Düfte.
Das messbare Ergebnis aus dieser Fermentation ist die Alkoholkenzentration mit einer Ergiebigkeit von 48 %, einer Abgabe von CO_2 mit 49 % unter Bildung von 3 % Glyzerin. Als langsam vergorener Anteil des Fruchtzuckers im Beerensaft verbleibt (neben der weitgehend vergorenen Glukose) überwiegend die Fructose mit ihrer gärungseigenen, den Geschmack mitprägenden starken Süßkraft.
Bei den in der Maische über Tage bis Wochen vergorenen Rotweinen ist allerdings eine erhöhte auch gesteuerte Gärtemperatur von 27° bis 30° erwünscht, da hier die Extraktion der bereits erwähnten Polyphenole und Tannine aus ergiebigen kleinbeerigen Trauben und -kernen im offenen System (oxydativ) gut steuerbar möglich ist, und der Wein im späteren Fasslager seine Flaschenreife nach etwa 2 Jahren erreicht.
Als einzellige auch kettenartig verbundene Lebewesen unter den Sprosspilzen nennt sich eine Spezies bezeichnenderweise Sacharomyces cerevisiae, genannt Bierhefe, die allerdings nur mit 1 % in der Wildhefepopulation vertreten ist. Die

an der Schalenoberfläche überwiegend natürlich haftenden Weinhefen der Umwelt, der Umgebungsluft, (Saccharomyces ellipsoides und S. pastorianus) aus dem Weinberg und der Kellerumgebung eröffnen nach spontaner enzymatischer Vorklärung des Mostes, dem idealen Nährboden. Bei noch unvergorenem Wein durch Einsatz erlaubter organischer Biokatalysatoren zur Verbesserung der Filtrierbarkeit erfolgt die eigentliche alkoholische Gärung. Unter Einwirkung anderer durch Selektion gewonnene aber noch natürliche Hefestämme und ihrer Co-Fermente der Vitamin-B-Gruppe werden die im Beerensaft enthaltenen Zucker (Polysaccharide) überwiegend in Äthylalkohol und Kohlensäure umgebaut. Sie entfalten dabei eine segensreiche Gier nach Zucker aus dem Rebensaft, um die Menschen mit dem so veredelten Getränk zu beglücken. Sie schaffen sich allerdings ihr eigenes „Hefegrab“ vorzeitig am Boden des Fasses bei Überschreitung der Gärtemperatur mit Zerstörung der Fruchtaromen, wenn die von ihnen selbst erzeugte und für sie schon nicht mehr zuträgliche, tödliche Alkoholkonzentration erreicht und der Gärungsvorgang damit beendet ist.

Unter Einwirkung anderer lagenspezifischer (ubiquitären) oben bereits erwähnter Wildhefen mit ihrem breiten Aromenspektrum entwickeln sich Weine, die so einem bestimmten Anbaugebiet durchaus zugeordnet werden können. Nach Vorklärung des Mostes beginnt durch Absetzen der Trübstoffe nach wenigen Tagen der ständig temperaturgesteuerte unter Umständen über Monate verlaufende Gärungsprozess spontan und optimal dann bei etwa 16°C bis 20°C. Es entwickeln sich so genannte „langsame Weine“ - im Hinblick auf die Gärdauer und den Grad der Vergärung - unter gleichzeitigem verzögerten Absinken gehaltvoller Partikel aus Schwebstoffen der Hefen, die dann in der Flasche mit zunehmendem Alter „als heranwachsende Kinder ihrer Zeit, “heranreifen. Sie erlauben dem Genießer auf dem Weg zu den Wurzeln des „Terroir“ zuweilen einen Blick in die „aufgefangene Zeit“ und erweisen sich später als begehrte „Genussdividenden“. Die Spezies der ubiquitären Hefen hat den Vorteil, dass die Alkoholkonzentration wegen geringerer arteigener Alkoholverträglichkeit mehr als 1 Vol% niedriger liegt als bei den über Reinzuchthefen vergorenen Weinen. Diese werden wegen allgemeinen Rückgangs natürlicher Hefen infolge früherer Spritzmitteleinsätze im Weinberg nun vermehrt eingebracht. Wegen ihrer unterschiedlichen den Geschmack störender oder aromaprägender Gäreigenschaften werden sie von den Winzern allerdings nicht übereinstimmend geschätzt. Andere ausgewählte, durch Auslesen gezüchtete Hefestämme, sind zwar durch bessere Steuerbarkeit mit gezielten Gäreigenschaften, z.B. etwa höhere Alkoholausbeute „leider“, versehen. Solcher Art vergorene Weine entbehren aber doch durch eine ihnen eigene geschmackliche Ausprägung ihres natürlichen vorgegebenen Terroircharakters, der anderenorts durch die mit Wildhefen vergorenen Weine erst schmeckbar hervorgehoben wird. Über einen Reinzuchthefestamm vergorene Weine auch bei unterschiedlichen Rebsorten auf vorgegebenen Böden lassen ein ähnliches sensorisches Profil erkennen, welches allerdings auch durch sortenuntypische Aromen gestört sein kann.

Reinzuchthefen unterschiedlicher Stämme setzen Aromavorstufen frei und werden zu Gäraromen umgeformt, während sich der Säuregehalt messbar verringert. Die Spezies sind in der Lage, die Gärungszeit zu verkürzen und höhere Alkoholgrade und Glyzerinmengen mit einer Minderung tertiärer Aromen nicht entwickelter bzw. nicht mehr schmeckbarer Bouquets nach langem Flaschenlager hervorzubringen.

Auf diesem Wege werden die geschmacklichen Noten mit gefälligen aromatischen Varianten möglich, die in eine bestimmte Richtung verändert bzw. abgemildert werden können, indem die Wahrnehmungsschwellen für andere Duftmoleküle verschoben werden.

Der Einsatz von derzeit etwa 250 bekannten als Trockenpulver im Handel angebotenen Reinzuchthefen mit bestimmten Gäreigenschaften, - durchaus natürliche Stämme -, sind der nicht zu unterschätzende Anfang oder schon „Fortschritt" biotechnologischer Möglichkeiten, wie in der Nahrungsmittelindustrie schon üblich, die einem zukünftig drohenden Food-Design, einer künstlichen Getränkeprägung weiter den Weg ebnet. Die Betreiber bewegen sich auf dieser Ebene vielleicht schon im fragwürdigen Bereich des gesetzlich noch Erlaubten?

Das aus dem Fass im Gärkeller entweichende in hoher Konzentration das Atemzentrum lähmende Kohlensäuregas wird mit einem deutlich wahrnehmbaren „blubbernden" Geräusch aus dem geschlossenen System über den Gärtrichter freigegeben und verteilt sich seines spezifischen Gewichtes wegen in Bodennähe: eine noch brennende Kerze signalisiert dem neugierigen Besucher sogar „sichtbar" eine noch ausreichende Sauerstoffsättigung der Atemluft und lässt dem Winzer Zeit für ein erklärendes Wort über die Fassinhalte; im anderen Falle sorgt eine über einen Ventilator gesteuerte Absaugvorrichtung für „reine Luft".

Die als prickelndes Gefühl bei der Probe mit der Zungenspitze vor der eigentlichen Geschmacksempfindung wahrgenommene aber flüchtige Kohlensäure als Produkt der Gärung in ihrem feinperligen Kleid wird durch den Alkoholgehalt im Wein dreimal stärker gebunden als im Wasser und trägt wesentlich dazu bei, das Geruchsempfinden bei der Aromenentfaltung zu fördern. Ein kleiner Anteil des Kohlendioxyds entsteht durch den biologischen Abbau der schärferen Apfelsäure zur sanfteren Milchsäure mit der Bildung von „Butteraromen“ während der sog. „malolaktischen Gärung“ unter möglicher Einbuße erwarteter fruchtiger Aromen.

Das geruchlose geschluckte nicht resorbierbare Kohlensäuregas wird später im „Aufstoßen“ hörbar oder verflüchtigt sich vornehm dezent.

Alkoholabbau - Verträglichkeit

An dem fermentativen Vorgang der Gärung ist ein spezifisches Enzym, die sog. Alkoholdehydrogenase (ADH) wesentlich beteiligt; sie tritt später erneut im Intermediärstoffwechsel des Menschen in Erscheinung, wenn sie die dankbare Aufgabe übernimmt, in der nicht vorgeschädigten Leber federführend den Abbau des hoffentlich genuß - aber maßvoll zugeführten Alkohols zu steuern, um uns den Weg zum nächsten Schluck in froher Runde zu ebnen.
Es bleibt anzumerken, dass eine durch übermäßigen Alkoholgenuß aus einem gegebenen Anlass überlastete sonst nicht vorgeschädigte Leberzelle immerhin einer Regenerationszeit von etwa 3 Tagen bedarf; dieses ist unabhängig von geschlechtsspezifischen Unterschieden, wenn bei dieser Belastung jeweils Alkoholspiegel von 0,5‰ im Blut erreicht bzw. überschritten werden. Von der aufgenommenen Alkoholmenge werden etwa 10 % mit dem Harn über die Niere und den Körperschweiß ausgeschieden als auch anteilig über die Lunge abgeatmet.
Unterschiedliche andere Körpereigenheiten der Geschlechter wie auch die Trinkgeschwindigkeit bestimmen wesentlich die zeitlich verzögerte Abbaurate der genossenen Alkoholmenge. Während für den Mann 0,15 ‰/h angenommen werden, liegt die Abbaurate für das weibliche Geschlecht bei etwa 0,1 ‰, entsprechend 5 g/h und bis 10g/h für den Mann. An anderer Stelle ist nur von 0,08 ‰ für die Frau und sogar 0,2 ‰ für den Mann die Rede als wohl anzunehmende konstitutionell bedingte grenzwertige Größen. Eine nach Genuß später gemessene Blutalkoholkonzentration z.B. aus erzwungenem Anlass wird also wesentlich durch die un-

terschiedliche Abbaugeschwindigkeit in der Leber der betr. Person bestimmt und weniger über die genossene subjektiv zuweilen noch bekannte Alkoholmenge.
Der mit einer mathematischen Formel allerdings errechenbare Blutalkoholspiegel in Promille setzt die genossene Alkoholmenge zum Körpergewicht mit einem angenommenen Abbaufaktor für Mann oder Frau in Bezug, ist aber aus genanntem Grund nur als Annäherungswert von persönlichem Interesse.
Darüber hinaus bedingt bei beiden Geschlechtern in späteren Lebensjahren eine altersphysiologisch verminderte Enzymaktivität in der Leber bei gleicher Trinkmenge eine nachlassende Toleranz und dadurch eine erhöhte Blutalkoholkonzentration.
Genetisch bedingte Unterschiede der Geschlechter schränken also die Abbaugeschwindigkeit des Alkohols in der nicht vorgeschädigten Leber ein. Die nach Anflutung einsetzende Wirkung der o.g. Alkoholdehydrogenase (ADH) wird beim weiblichen Geschlecht wegen ihrer niedrigeren Abbaukapazität durch Abrufung des bereits vorhandenen und auch schon infolge verstärkter Neubildung eines bestimmten Enzyms anderer genetischer Quelle unterstützt. Dieses im sog. MEOS System wirksame Enzym einer Monooxygenase kann eine geringere Alkoholverträglichkeit aber über eine wiederholt angepasste Dosiserhöhung eine Toleranzentwicklung fördern, sodass die eigentliche geringere Verträglichkeit beim weiblichen Geschlecht durch Gewöhnung an eine höhere Blutalkoholkonzentration gesteigert werden kann [E.Kuntz, H. Kliewe; L. Singerhoff], die allerdings einem späteren risikobeladenen Trinkverhalten den Weg ebnen könnte, wenn die „Anpassung“ nicht unter dem Aspekt eines noch verantwortlichen Konsums verstanden wird.

Ein anderer Faktor für die geringere Toleranz bei weiblichen Personen liegt im verzögerten Abbau zugeführter oder körpereigener Hormone im monatlich zyklischen Wirkspiegel begründet.
Die geschlechtsbedingte geringere Verträglichkeit wird also auch durch unterschiedliches Körpergewicht und Körpergröße beeinflusst. Der Alkoholspiegel verteilt sich trotz gleicher Trinkmenge bei der Frau in einem kleineren Blutflüssigkeitsvolumen (bei größerem Fettgewebeanteil und geringerer Muskelmasse) weniger verdünnt und wird daher in einer etwa 30 % höheren Konzentration messbar; nach Vorgabe des Gesetzgebers wird so zuweilen die Fahrtüchtigkeit schon früh in Frage gestellt oder erst später durch den verbleibenden Restalkohol noch verzögert.
Durch Gefäßerweiterung in der Magenwand und der Dünndarmschleimhaut nach Wein- oder Sektgenuß kommt es durch Diffusion über Konzentrationsausgleich bei fehlenden sättigenden fettreichen bzw. eiweißhaltigen Speisen zur beschleunigten Resorption des Alkohols und daher zu einer bis 50fachen schnelleren Anflutung im Gehirn; hier überfällt den Genießer die dann erwartete, aber schon bekannte euphorisch stimmende Wirkung, wobei manch fröhlicher Zecher den Weg über die „lärmende Fröhlichkeit“ verlässt, wenn die 0,8 ‰ Grenze (= 0,8 g Alkohol/L Blut) erkennbar überschritten wird und die Sinneswahrnehmungen messbar gestört werden, wobei das Reaktionsvermögen schon deutlich gemindert ist.
Der gerne nach einem festlichen Mal gereichte Mokka wirkt zwar vorrübergehend anregend und belebend, verzögert allerdings den Abbau des genossenen Alkohols in der Leber erheblich.

Es sei in diesem Zusammenhang angemerkt, dass die „Deutsche Weinakademie GmbH“, 55116 Mainz, Gutenbergplatz 3, „Empfehlungen zur Förderung eines verantwortungsvollen Weinkonsums“ unter gesundheitlichen Aspekten erarbeitet hat, die auch sportliche Betätigung und Ernährungsfragen berühren; dies umso dringlicher, als das Sozialbudget der Bundesrepublik jährlich mit etwa 26 Milliarden Euro belastet ist, die für Alkoholmissbrauch und dessen Folgen durch Krankheiten, Fehlzeiten, Frühinvalidität sowie auch für schicksalhaft Betroffene ausgegeben werden müssen; denn als Risikofaktor für die Gesundheit des Menschen steht unmäßiger Alkoholgenuß leider schon an 3. Stelle.

Obige Angaben werden kaum relativiert durch die Argumentation, dass der Wein als Einstiegsdroge nach übereinstimmender Meinung namhafter Autoren für Missbrauch höchst selten in Frage kommt.

Unter alkoholabhängigen Kranken sind nur 3 - 4 % Weintrinker zu zählen. Außerdem wurden nach einer statistischen Auflistung aus dem Jahre 1990 nur 2 % Verkehrsunfälle registriert, die ursächlich auf ein Übermaß an Weinkonsum der Fahrzeuglenker beruhten, während bei 98% der Unfallfahrer der Bier- oder Spirituosenkonsum für die hohen Promille - Überschreitungen verantwortlich war.

Auf Gesundheitsrisiken eines missbräuchlichen Alkoholkonsums und dessen verderbliche Folgen verweist in Jahrbüchern regelmäßig die „Deutsche Hauptstelle für Suchtfragen e.V.“ Die Bemühungen der oben genannten Deutschen Weinakademie bestehen in Hilfestellungen für einen zunehmend risikoarmen Konsum.

So gelang es mit medikamentöser Unterstützung einer zwischenzeitlich neu entwickelten Substanz bei einer Gruppe damit behandelter Abhängiger die tägliche bzw. wöchentlich genossene Alkoholmenge um bis zu 50 % zu reduzieren. Dieses Ergebnis gilt durchaus als wichtiger therapeutischer Fortschritt, wenn auch totale Abstinenz für die Mehrzahl der Betroffenen ein unüberwindbares Hindernis darstellt. Aber nur einem Drittel aller dem Missbrauch verfallenen Patienten kann durch gezielte und gebündelte Maßnahmen dauerhaft geholfen werden.

Etwas anderer Ansicht war L. A. Bertillon, ein namhafter Arzt seiner Zeit in Paris um die Mitte des 19. Jahrhunderts; aus seiner langen Erfahrung im Umgang mit Betroffenen traf er die denkwürdige Feststellung, „dass nämlich der übermäßige Alkoholkonsum durch den Gebrauch des Weines in Schach gehalten wird“.

Ein anerkannter Vertreter der Inneren Medizin und Sportmedizin der Universität Mainz , K. Jung, lässt uns aus seiner Sicht wissen, das „Rotweingenuß das Masshalten erleichtert“.

H. Koch erkennt im Wein aus seiner langjährigen richterlichen Tätigkeit und Erfahrung im Umgang mit Abhängigen „die beste Antidroge“, die er sich vorstellen könne, da Trunksucht durch ständigen Missbrauch in Weinanbaugebieten weitgehend unbekannt sei, trotz gelegentlich zu beobachtender Trunkenheit fröhlicher Zecher.

Boericke benennt im Handbuch der homöopathischen Arzneimittellehre eine alternative Hilfe, in dem er die Anwendung eines Eichenrindenholzdestillates (Quercus rubor) vorschlägt, welches das „unbeherrschbare Verlangen nach Alkohol“, d.h. die Trunksucht mindert. Hierbei ist das während der Fassreife des Weines aus den Eichendauben durch Alkohol gelöste Quercetin mit anderen auch aus Traubenkernen stammenden Polyphenolen wirksam, welches als eigenes im Wein mitgeführtes natürliches Antidot verstanden werden muss und obige Einschätzungen der genannten Autoren sogar begreifbar machen.

Weinausbau - Verfahren

In neuer Zeit entwickelte technische Verfahren, wie die sog. **Vakuumverdampfung** mit möglicher Aromaeinbuße oder die sog. **Umkehrosmose** ohne Aromaverluste erlauben durch Wasserentzug eine Steigerung der Konzentration aller Mostinhaltsstoffe mit dem Ziel einer „sensorischen Verdichtung“ der Aromen. Hierbei wird das Flüssigkeitsvolumen um bis zu 20 % reduziert, aber der Alkoholgehalt um bis zu 2 Vol%/L angehoben, entsprechend einer Erhöhung um etwa 16 g/L. In verbesserter Qualität durch Anstieg des Extraktgewichtes, des Zuckers und des Säuregehaltes liegt daher möglicher doppelter „Gewinn“. Umgekehrt stellt sich die Frage nach solcherart aufbereiteter Weine aus nicht bevorzugten Lagen unter weniger günstigen kleinklimatischen Bedingungen; minderer Extraktgehalt und ein Missverhältnis zwischen Restzucker und Säure werden eher auf „höherer Ebene“ von der Qualitätserwartung abweichen.
Spezielle Enzymeinsätze mit Aromen verstärkenden und/ oder geschmacksbildenden Eigenschaften sind durch den europäischen Gesetzgeber allesamt untersagt. Weine dieser evtl. doch „aufbereiteten“ Art mit so verändertem Weincharakter kommen dennoch mit ihren verlockenden Sekundäraromen auf den europäischen Markt und betören im Geschmack mit ihrer exotischen Note.
Angetoastete mit Röstaromen versehene oder naturbelassene Eichenholzchips, auch schon in pulverisierter zwischenzeitlich verbotenen Form, werden nun in Europa den in Stahltanks reifenden Weinen mit Teebeuteln in vorgegebenen Grammgewichten (1g/L) u. a. zur Verbesserung der Lagerfähigkeit zugesetzt, um auch bestimmten Weiß- und besonders

Rotweinen gerade die ihnen verträgliche „tanningestützte" herbe Geschmacksnote zu verleihen. Die so behandelten Weine gleichen sich in ihrer Geschmacksprägung den in neuen Barrique-Fässern ausgebauten Weinen an und erinnern im Geschmack an Vanille, Kaffee und rauchige Düfte in unterschiedlich ausgeprägter Form. Die Winzer begrüßen diesen kostengünstigen Umweg über das Eichenaltholz als neue ergiebige Ressource, umso mehr, als das Barrique-Fass nach wenigen Jahren für die Aromenentwicklung im Wein nicht mehr ergiebig ist.

Eine andere seit Jahren geübte Praxis besonders in der Rotweinbereitung wird durch die sog. **Mikrooxidation** erreicht. Sie führt zu einem auch durch gezielten Einsatz von Gärhefen begünstigten zeitlich verkürzten und dadurch vorgezogenen Reifeprozess des ruhenden Weines, der dem natürlichen Ausbau im Holzfasslager nahekommt. Hierbei wird dem Wein über eine Dosieranlage Sauerstoff zugeführt. Das anfangs noch von herben Tanninen und Säure geprägte aber schon bald von beerentypischen Fruchtnoten bestimmte Geschmacksbild wird unter Umgehung der von Natur aus zeitlich vorgegebenen Entwicklungsphasen merkbar abgemildert und von nachhaltigem „Abgang" begleitet. Der so behandelte Wein erfährt eine frühe Trinkreife und bedient so schon einen ungeduldigen Kundenkreis in unserer ohnehin schnelllebigen Zeit. Dem Weingut wird eine kostengünstigere Lagerhaltung möglich.

Ein bewährtes Verfahren zur Erhöhung der Öchslegrade besonderer Art bei vom Kleinklima benachteiligten Weinen ist die seit Jahrzehnten in Frankreich geübte Methode der „**Chaptalisation** [J. A. Chaptal, Chemiker, Minister unter Napoleon]": Bei unreifem Traubengut in schlechten Jahren mit einem kaum ausgewogenen Verhältnis von Säure zu Zucker im Beerensaft wird dem Most vor der alkoholischen Gärung eine begrenzte Menge Rohrzucker zur späteren enzymatischen Spaltung in Fructose und Glukose zur Erhöhung des Alkoholgehaltes zugefügt **(Trockenzuckerung)**: eine bei Tafelweinen mit natürlichen Reifemängeln erlaubte Veredelung im Sinne einer harmonischen Geschmacksausrichtung zur vorhandenen Säure.

Bei früher geübter sog. **Nasszuckerung** wird Zucker in Wasser gelöst und dann dem zuckerarmen Most zugefügt und dadurch das Flüssigkeitsvolumen vergrößert unter Inkaufnahme eines anzunehmenden Verdünnungseffektes für Farbstoffe, Tannine und Extrakte [U. Fischer].

Unter dem Begriff der sog. **Süßreserve** versteht man dagegen die Zugabe von unvergorenem Traubensaft zum bereits durchgegorenen Wein, um diesem durch Süssung einen gefälligeren Geschmack zu verleihen.

Von Natursüße geprägte Prädikatsweine bedürfen allerdings dieser „Aufbesserungen" entsprechend ihrer Einstufung nicht, da sie ohnehin über ein ausreichendes Mostgewicht verfügen und so ihrer Bezeichnung inhaltlich entsprechen.

Ein nicht zu verwechselndes Verfahren bei der „Wein"-Bereitung mit anderem Ziel wird über die sog. **Vakuumrektifikation**, eine der Weinfraktionierung dienenden Methode erreicht, die zur Herstellung alkoholreduzierter Weine und Schaumweine herangezogen wird und zunehmende Bedeutung durch steigende Nachfrage gewinnt: ein „Wein" mit 0,5 Vol % Alkohol und eine um 50 % reduzierte Kalorienzahl mit ansprechender glaubhafter Geschmacksqualität, wie betont versichert wird, allerdings einer besonderen qualitativen Auswahl bedarf.

Zusätze und Zwischenprodukte

Ein Nebenprodukt der alkoholischen Gärung ist das süßlich schmeckende **Glyzerin** als mehrwertiger Alkohol mit seiner laxierend wirkenden Eigenschaft. Es ist ohne alkoholische Wirkung und später mit 5-15 g/l im Wein und bei Auslesen bis zu 40g/l durch Verdunstung von Wasser und Alkohol nachweisbar; auch diese Substanz entsteht heute vermehrt während der Gärung durch enzymatischen Abbau der Aminosäuren bestimmter selektierter Hefestämme - früher als „Urin der Hefen"- bezeichnet, die unverkennbar dem Wein durch seine ölige - schmelzige Konsistenz einen vollmundigen runden Geschmack verleiht. Bei mehr als (ca.) 12 Vol % Alkohol im Wein zeigt sich Glyzerin durch seine höhere Viskosität: es bilden sich „Tränen" an der gegen das Licht gehaltenen inneren Glaswand nach drehender Bewegung als schmale oder breite schlierenbildende Bögen, wie „Kirchenfenster", die als verbleibende Benetzung oberhalb des Flüssigkeitsspiegels mit Hinweis auf besondere Extraktfülle gelten. Dieses physikalisch - chemische Phänomen wird als Ausdruck von grenzflächenaktiven Reaktionen zwischen vergrößerter Oberflächenspannung der langsamer als Wasser fließenden und verdunstenden Weinflüssigkeit an der Grenzfläche der Glasinnenwand erkannt [E. Peynaud].
Ein anderes unverzichtbares aber auch notwendiges nur in begrenzter Menge zulässiges Additiv für die Haltbarkeit des Weines ist das auf dem Etikett ausgewiesene „**Sulfit**". Dieses Anhydrid der schwefligen Säure darf nur in begrenzter Dosis in mg/L in Abhängigkeit von der jeweiligen Ausbaustufe (Restzuckergehalt) der genannten Güteklassen bis zum Ende der Gärung dem Wein zugefügt werden.

Noch zu Beginn des 20. Jahrhunderts wurde Schwefeldioxid zur Desinfektion von Krankenzimmern und zur Beseitigung von Ungeziefer benutzt.
Frühere Winzergenerationen haben ihre Holzfässer vor dem Weinausbau mit beschichteten „Schwefelschnitten“ durch Abbrennen desinfiziert, eine „Behandlung“, die den Begriff des sog. „Schwefelns“ bis heute wiedergibt. Ein gewisser Vorbehalt haftet der schwefligen Säure noch an, da eine allergieähnliche Unverträglichkeit besonders nach Weißweingenuß bei Asthmatikern, wenn auch selten, beobachtet wird.
Oxidationsanfällige Trauben, die durch Aufhellung der farbgebenden Anthocyane erkennbar sind, besonders bei Syrah- und Pinot noir - Weinen, bedürfen dieser dosierten Beigabe ebenso wie manche Weißweine mit abgestufter Restsüße in der sog. „Qualitätspyramide“. Im Gärkeller und in der Lebensmittelindustrie dient das Salz der schwefligen Säure als bewährter Konservierungsstoff mit aromaerhaltender Eigenschaft und zur Harmonisierung des Geschmacks; eine bekannte chemische Substanz, die schon im 4. Jahrhundert vor Chr. in den „Hippokratischen Schriften“ Erwähnung findet.
Dem Wein wird durch das eingetragene Salz der schwefligen Säure der Sauerstoff als Feind der Aromenentwicklung durch Inaktivierung unerwünschter Enzyme während des Ausbaus entzogen, um ihn vor krankheitserregenden Mikroorganismen durch Keimfreiheit zu schützen. Schimmelpilze, Milchsäure- und Essigsäurebakterien sowie hier schädliche sog. Kahm - Hefen werden in ihrer Vermehrungsfreudigkeit gehemmt, weil sie dazu neigen, den Alkohol- und Extraktgehalt abzusenken. Eine vorzeitige Alterung wird auf diese Weise verhindert. Bei abgelagerten gealterten Weinen gibt

sich die Oxydation (durch Luft - Sauerstoff im Flaschenhals) unter fortschreitendem Bouquet-Verlust durch charakteristische Verfärbung (zwiebelhautfarben) bei Weißwein und als ein ziegelbraunfarbenes Verblassen der Farbpigmente im randständigen Flüssigkeitsanteil des Rotweins zu erkennen, wie früher schon erwähnt. Die Firne im Geschmacksempfinden sind dabei als spätes Oxydationsbouquet mit kaum noch angenehmer Aromatik unverkennbar.

In Flaschen mit Kunststoff - „Kork“ - Verschluss ist mit einem früheren Oxydationsprozess bei kürzerer Lagerfähigkeit zu rechnen, da diesem Material ein erhöhter Lufteinschluss eigen ist und wegen der anzunehmenden erhöhten Durchlässigkeit zu einer möglichen Sauerstoffnachlieferung im Flaschenhals führt.

Das als Sulfit bezeichnete Salz der schwefligen Säure zeigt noch eine weitere positive Eigenschaft: Als schlecht verträgliches eher unangenehm riechendes Zwischenprodukt der alkoholischen Gärung entsteht auch **Acetaldehyd**, welches bei spontan vergorenen Weinen durch Ubiquitärhefen in doppelter Menge anfällt als durch Reinzuchthefen bereitete Weine. Dies wird durch SO_2 zur Sulfonsäure nicht schmeckbar und unschädlich oxydiert. Dieses als Stoffwechselzwischenprodukt in der menschlichen Leber beim Alkoholabbau erneut auftretende fettlösliche Acetaldehyd bedarf bei zu hoher Anflutung im Gehirn unter pathophysiologischen Bedingungen wegen möglicher Unverträglichkeitserscheinungen (Kater / Kopf-schmerz) einer besonderen Beachtung. Durch eine genetisch bedingte Störung im Abbauprozess dieses toxischen Zwischenproduktes sind sogar 50 % der Japaner und Chinesen betroffen.

Nach dem Mahlen der Trauben löst sich während der Dauer

der sog. Maischestandzeit das Kalium vorwiegend aus der Beerenschale und bindet sich mit der Weinsäure zum sog. Weinstein, dem **Kaliumbitartrat**. Als schwerlösliches Salz dieser natürlichen Säureminderung schlägt es sich noch vor der Gärung am Fassboden nieder, und wird auch bei vorzeitig abgefüllten Weinen und Lagerung bei kalten Temperaturen (über - 4° C) beobachtet. Sie sind geschmack- und geruchlos und gelten nur als Schönheitsfehler. Diese kristallinen Ausfällungen sollen nach [Johnson - Krüger] einmal nach einer großen Fracht von Europa nach Übersee missverständlich als Glassplitter gedeutet und reklamiert worden sein...

Die bereits genannten dunklen aufgewirbelten schwebenden Gerbstoffpartikel kristalliner Art gelten als störende Geschmacksbitterstoffe in gealterten Rotweinen, die vor dem Servieren daher durch Dekantieren abgesondert werden sollten.

Die bei vorsichtigem Öffnen eines gealterten Weines vom abbröckelnden Korken sich lösenden auf dem Wein schwimmenden Partikel sind keine Korkfehler im eigentlichen Sinne, sondern wirken aesthetisch störend wie Weinstein.

Mit dem symbolisch belegten Geräusch des Entkorkens einer einwandfreien „Reserve“ steigert sich die Neugier der Gäste auf die sich entfalltenden Aromen im soeben angefüllten Glas; bei lebhaftem verbalen Austausch und stimmungsvoller Atmosphäre erklingen die Gläser im gegenseitig zugesprochenen Prosit.

Wenn dann jemand seine Hand schützend über das zu füllende Glas hält, wird auf die vorsichtige Frage des Gastgebers oft dankend auf eine bestimmte Unverträglichkeit - wie auch bei anderen Nahrungsmitteln - verwiesen; diese **Histamin-Intoleranz** bzw. Unverträglichkeit ist eine nicht aller-

gische (immunologisch) vermittelte Reaktion, wie etwa beim „Schwefelasthma". Sie kommt bei 2 - 3 % der Gesamtbevölkerung vor und ist für die Betroffenen, nicht selten weibliche Personen mittleren Alters, eine äußerst unangenehme Erscheinung doch von Krankheitswert , aber ohne versicherungsrechtliche Anerkennung. Die Beschwerden äußern sich in Niesanfällen, einschießender Gesichtsrötung, Schwindelgefühl und Herzklopfen, sowie Magen- Darmbeschwerden mit allergieähnlichen Symptomen.
Bei einem Drittel der Betroffenen werden allerdings Kopfschmerzen als Sofortreaktion vom Migränetyp beobachtet, die eine gezielte diagnostische Zuordnung allerdings erschweren (s.u.).
Histamin, ein biogenes Amin aus Histidin, einer essentiellen Aminosäure, gewinnt im menschlichen Organismus zuweilen an pathogener Bedeutung, wie bereits erwähnt: es entsteht beim biologischen Säureabbau durch einen speziellen Bakterienstamm (hier fälschlich 2. Gärung genannt) meist im Rotwein bei der Umwandlung der sauren vermehrt vorhandenen aggressiven Apfelsäure in die mildere Milchsäure, die sich erst nach Abschluß der alkoholischen Gärung während der Fasslagerung vollzieht. Dieser graduelle Entsäuerungsvorgang während der sog. „malolaktischen Gärung", wird wie gesagt, als 2. Gärung bezeichnet und vollzieht sich bei der jahreszeitlich bedingten steigenden Kellertemperatur, wenn bereits die neue Weinblüte beginnt. Dagegen wird bei der Schaumweinherstellung - méthode champenoise - durch dosierte Zuckerzugabe und speziellem Hefeeinsatz bewußt eine 2. (echte) Gärung mit CO_2 - Bildung in der bekannten druckstabilen Flasche eingeleitet.
Über histaminhaltige oder auch histaminfreisetzende Nah-

rungsmittel (z.B. Sojasoßen), wie auch dieses durch Wein zugeführte Amin wird über die Dünndarmschleimhaut beschleunigt in das Gefäßsystem aufgenommen und auf seine Art „symptomatisch“ wirksam: hier erweist sich das Enzym Diaminoxidase (DAO) in seiner Aktivität durch das alkoholische Getränk behindert oder ursächlich fehlend. Überwiegend belastete Weine sind rote Bordeaux-Weine, sowie auch aus der Syrah-Traube gekelterte Weine, auch manche Chianti-Weine aus der Toskana. Histaminreiche Schaumweine mit Flaschengärung auch aus namhaften Häusern sind zu benennen. Dagegen enthalten die in Stahltanks vergorenen trocken ausgebaute Weißweine und Roséweine kaum Histamin; letztere werden aus gemahlenen Rotweintrauben nach nur kurzer Maischestandzeit vergoren, währenddessen kaum Farbpigmente aus den Beerenschalen extrahiert werden.

Rotweine aus der Pinot noir - Traube bzw. Spätburgunder empfehlen sich im Hinblick auf ihre Verträglichkeit versuchsweise.

In der Literatur sind allerdings nur sehr vereinzelt akut einsetzende immunologisch vermittelte plötzliche Überempfindlichkeitsreaktionen im Sinne eines allergischen Schocks unmittelbar nach Rotweingenuss bei empfindlichen Personen beschrieben. Hierzu zählte zuweilen ein aus Merlot-Trauben gekelteter Wein, der auch als Cuveé eine unmittelbare allergische Reaktion als Notfallsituation auslösen konnte.

Die Einnahme eines sog. Antihistaminikums als Bedarfsmedikation bei Intoleranz - wie bereits gesagt vor dem Weingenuss ist eine hilfreiche Maßnahme, wenn nicht doch eine Verordnung des genannten DAO-Enzyms in Kapselform als Substitution erwogen wird. Neben einer durchaus wirksamen Ernährungsumstellung empfiehlt die „Deutsche Gesellschaft für Umwelt- und Humantoxikologie“ den so Betroffenen die Weine vom z.B. „Nikolaihof vom Stein“ aus Mautern/Wachau, Österreich“ und Sekte der Fa. Schlumberger, Wien, als Bezugsquellen; neuerdings werden histaminarme Weine dieser Art auch von einheimischen Winzern angeboten. Aufwendig durch Zusatz von sog. Schönungsmitteln hergestellte nahezu gänzlich histaminfreie Weine und Schaumweine, die auch als Testsubstanzen zur Diagnostik im klinischen Bereich dienen, sind auch als sulfitreduzierte Weine im Handel.

Visuelle und geschmackliche Beeinträchtigungen

Einer augenfälligen als Variante zu verstehende „Verlockung“ erliegt zuweilen der Weinliebhaber durch Farbpigmente mittels künstlicher Additive: Grün - gelbe bei Weißwein, tief dunkle farbstabilisierende Pigmente bei Rotwein, die dem betrachtenden „mittrinkenden“ Auge eine verlockende Note durch Farbverstärkung „vorspiegeln“, die Geschmacksempfindung daher täuschend beeinflussen, wobei unsere optische Wahrnehmungsfähigkeit mit 70% in unsere gesamte Sinnesleistung eingebunden ist. Es werden die optischen Reize 10 mal schneller und 20 mal stärker über zugeordnete Nervenbahnen verarbeitet als Geschmacks- bzw. Geruchsinformationen. Darüber hinaus induziert der bloße Anblick eines Weines im Glas assoziative Geruchs- bzw. Geschmacksempfindungen, die bei Weißweinen an helle Früchte und bei Rotweinen an dunkle Beeren erinnern.

Nach Ausblendung des Gesichtssinnes sind Geruchs- und Geschmackssinn in ihrer Wahrnehmungsfähigkeit mit nur ca. 15% anteilig an der Gesamtsinnesleistung unbeeinflusst verantwortlich, bilden aber das sensorische Fundament für sinnlichen Genuß, der „Gaumenfreuden“: Geschmacksempfindung und Geruchswahrnehmung werden dem Riechzentrum im Gehirn, der sog. olfaktorischen Rinde zugeleitet. Hier wird über das subjektive Gefühl des „Wohlgeschmacks“ befunden.

Unabhängig davon und im Gegensatz zum Gesagten hat die Färbung des Umgebungslichtes beim Probieren darüber hinaus einen nachgewiesenen Einfluss auf das persönliche Geschmacksempfinden im Sinne einer verändert „getäuschten“ Geschmacksrichtung: z. B. wirkt unter rötlichem oder blauem Licht ein Riesling säurebetonter, süßer oder fruchtiger als bei grünem und hellerem Licht empfunden [Prof. Dr. Hecht, Psycholog. Institut, Uni Mainz, 2009]. So verstanden präsentiert sich der Wein im Geschmack wahrhaft wie „in einem anderen Licht"; doch „die Sinne trügen nicht, sondern das Urteil", wie Goethe einst anmerkte.

Das „Sonnengelb" des Kerzenscheins im mittleren Farbspektrum des sichtbaren Lichtes vermittelt nicht allein eine anheimelnde Atmosphäre beim Weingenuss in behaglicher Umgebung, sondern fördert auch ein „objektiv" wahrnehmbares Geschmacksempfinden.

Bei Tageslicht findet das betrachtende Auge mit ungetrübtem Blick zunehmend Gefallen an der prachtvollen Rotfärbung eines eher säurebetont bereiteten Weines, während bei einem hohen pH-Wert des Weines - also bei geringerer Säure - die blauviolette Farbtönung vorherrscht. Sie ist sichtbares Zeichen der an Zuckermolekülen des Beerensaftes gebundenen Farbstoffe der bereits erwähnten Anthocyane.

Eine andere erlebbare Erfahrung bei einer Weinprobe macht ein Flugreisender in 10.000 m Höhe nach Übersee. Unter dem dort oben vorherrschenden Kleinklima sind die aufbereitete Atemluft, die herabgesetzte Luftfeuchtigkeit und der verminderte Luftdruck ursächlich für eine Geschmacksirritation. Die Mundtrockenheit und die verminderte Blutzirkulation in der Nasen- Rachenschleimhaut - wie bei Schnupfen - bedingt eine qualitativ veränderte und auch verminderte sinnliche Wahrnehmung für Geschmack und Geruchsvermögen über die Reizrezeptoren auch in der Mundhöhle; so werden Bitterstoffe und Säure stärker, Fruchtigkeit und Süße als Grundgeschmacksrichtungen weniger ausgeprägt empfunden.

Bei ungestörter und uneingeschränkter Sinneswahrnehmung begegnet dem Weinliebhaber möglicherweise ein Weinfehler anderer Art, der sich bei Weißweinen aus glasklaren bzw. leicht grünlich gefärbten Flaschen offenbart, der nach einem übereilten Einkauf in einem Supermarkt für Enttäuschung sorgt. Diese unter Tageslicht oder UV-Licht aufrecht stehenden ihr „Stellagendasein" fristenden Weine entwickeln schon messbar nach 24 Std. einen sog. Lichtgeschmack, der auch als **„Goût de lumière"** beschrieben ist: Das Aroma verändert sich, und der Wein hellt auf. Als Schwefelverbindungen erkannte aromatische Substanzen stören sie den Geruchssinn empfindlich und wirken unangenehm. In Braunglas abgefüllte Weine filtern diesen Lichtwellenbereich, während Rotweine unabhängig von der Glasfarbe durch ihre Polyhydroxyphenole geschützt sind.
Aber einer Sinnestäuschung unterliegt der Weinliebhaber nicht, wenn ihm der bekannteste und leider auch der häufigste Weinfehler begegnet, der mehr das geruchstypische Aroma der Traube verschleiert und das Geschmacksbild mit einem leichten Bitterton versieht. Der aus der Eichenrinde gestanzte Stopfen ist wegen seiner Geschmacksneutralität und seiner Dichtigkeit seit Jahrhunderten bekannt, geht aber durch natürlichen Alterungsvorgang in der Flasche seiner so geschätzten Elastizität u.U. erst nach Jahrzehnten langsam verlustig. Für hochpreisige Qualitätsweine wird daher eine Umpfropfung vom Erzeuger empfohlen. Neben diesen haltbaren und bewährten Verschlüssen sind auch bei anderen Stoffen unterschiedlicher Materialien, auch kostengünstigerer Art, wie Presskork, Kunststoff- und Kapselverschlüssen Geschmacksfehler als sog. „**Korkschmecker**" bekannt.
Der als „**Korkschleicher**" empfundene Muffton wird wie der

Geruch von feucht gelagertem Pappkarton wahrgenommen, der annehmbar auf nicht genügend gepflegte Holzfässer vor der Füllung zurückgeführt wird.

Korkschmecker haben nicht in jedem Fall einen fehlerhaften Korken als Verschluss, sind also ursächlich nicht korkspezifisch, sondern sind durch Kontamination mit chemischen Substanzen belastet. Das dadurch sensorisch Fassbare wird als „korkig“ beanstandet und als abstoßender, muffig – modriger, schimmeliger Geruchsfehler beschrieben, der durch das Trichloranisol (TCA) und Tribromanisol (TBA) hervorgerufen wird und diesen Verbindungen eigen ist. Nach neuen Erhebungen werden 2% bis 7 % der in den Handel kommenden Flaschen nach Öffnung beanstandet. Bedeutender volkswirtschaftlicher Schaden wird sogar in Millionen Euro für die BRD angegeben. Hohe Schadensansprüche werden weltweit beklagt, umso mehr, wenn man an hochpreisige Qualitätsweine denkt, die als ungenießbar entsorgt und als „Weinwertverluste abgeschrieben“ werden müssen.

Als chemisch definierte Substanzen kommen die als Korkschmecker gedeuteten schon genannten TCA- und TBA - Verbindungen in Frage, die annehmbar über bereits kontaminierte Verschlüsse bzw. Materialien im Umfeld der Filter- und Abfüllanlagen eingebracht wurden.

Damit stellt sich die Frage nach der Herkunft dieser Verbindungen. Wissenschaftler der Agrarforschungsanstalt in Wädenswil / Schweiz und aus dem Fachbereich „Kellerwirtschaft“ in Geisenheim fanden 1981 heraus, das ursächlich das Holzschutzmittel Pentachlorphenol (PCP) anzusehen ist, das zur Desinfektion und Konservierung in der Kellerwirtschaft diente. Wegen ihrer erheblichen gesundheitsschädigenden Eigenschaften wurde der Einsatz dieser Pflanzenschutzmittel 1989 verboten. Bis dahin wurden

Holzfässer - Außenwände, Paletten, Stellagen, Wände und Gebälk im Dampfstrahlverfahren damit bearbeitet und auch in den Korkeichenwäldern versprüht. Im feuchten Milieu der Weinkeller siedelten sich Schimmelpilze an, die in wenig belüfteter Umgebung gediehen und das versprühte Pentachlorphenol in das bereits genannte nun nicht mehr toxische Trichloranisol überführten. Die nach 1989 erlaubte alternative Substanz auch mit konservierenden, feuchtigkeitsabweisenden und Flammschutz - Eigenschaften war das Tribromphenol (TBC), dessen Moleküle über eine Entgiftungsreaktion durch Pilze in das ungefährliche Tribromanisol (TBA) umgebaut wurde. Beide biologisch kaum abbaubare Substanzen lagern sich als Schwebstoffe auch in angrenzenden Räumen ab; hier gestapelte Kartons mit unverpackt oder in durchlässigen Plastikfolien eingeschweißte Korken oder Alternativverschlüsse waren dann der Kontamination mit TCA und TBP ungehindert ausgesetzt. Der niedrige kaum vorstellbare Geruchsschwellenwert für TCA beim Menschen liegt schon bei Überschreitung von 0,01 mg/L Weißwein und 0,05 mg/L bei Rotwein.

Die Wahrnehmungsschwelle für TBA bei geruchsempfindlichen Menschen kann sehr niedrig, bei ungeübten Verkostern jedoch deutlich höher liegen und führt dann auch zu einer sensorischen Irritation.

Durch Verdünnung des Weins mit kohlesäurehaltigem Mineralwasser im Verhältnis 1:3 lassen sich mit annähernder Gewissheit diese Fehltöne erkennen, wobei eine Unterscheidung von TCA und TBA gaschromatographisch möglich ist, aber für den wartenden Gast sicher ohne Belang.

Als ein weiterer doch vermeidbarer Geschmacks- bzw. Geruchsfehler in einer zur Probe neu geöffneten Flasche gilt der sog. **Böckser**, der sich während der Gärung unter Sauerstoffabschluß durch Bakterien bei Jungweinen unangenehm ausbilden kann; er wird als Fremdgeruch wie Knoblauch empfunden oder entwickelt einen Schwefel-Wasserstoffgeruch, der an faule Eier erinnernd jeden Geschmack verleidet, aber zwingend nach einer weiteren Probe verlangt.

Des Menschen Erbe

Der Weinstock als Rebenträger und Ursprung des Weins bleibt uns zur Pflege und Nutzen anvertraut:

1. Weil der Weinstock als Zierpflanze das Landschaftbild verschönt und schattenspendend wirkt.
2. Weil uns der Weinstock als Nutzpflanze die Tafeltraube und das Traubenkernöl mit hohem Gehalt an mehrfach ungesättigten Fettsäuren liefert.
3. Weil sich der Wein als auch der Saft aus unreifem Traubengut in der bürgerlicher Küche als Würze anbietet.
4. Weil er als Kulturpflanze aus gekelterten Trauben uns den Wein „mit seinem bestürzenden Reichtum an Mitgift“ [Stefan Andres] beschert und dessen Alkoholanteil nur zusammen mit den anderen Weininhaltsstoffen gesundheitsfördernd wirkt; der Weinliebhaber versteht sich bei maßvollem Genuß als „Teil eines gesunden Lebensstils“, in dem er die stimmungsaufhellende und stressmindernde Wirkung des Weines erfährt und dabei an Lebensqualität gewinnt.
5. Weil der Wein als essensbegleitender Trank auch Appetit anregend wirkt; er verzögert die Alkoholresorption durch Aufschließen der Nahrung, und fördert über die enthaltene Weinsäure die Verdauung; der hohe Kaliumgehalt besonders des Rotweins deckt sogar anteilig den Tagesbedarf in flüssiger Form als wohlschmeckende Substitution; er wirkt blutdrucksenkend und wegen seiner entwässernden Eigenschaft harntreibend und ist auch wesentlich an der Steuerung der Herzschlagfolge beteiligt.

6. Weil der Wein zahlreiche Mineralstoffe und Spurenelemente enthält, die für Menschen unverzichtbar sind und über die Nahrung aufgenommen werden müssen. In Abhängigkeit von der Traubensorte, dem Kleinklima und der Bodenbeschaffenheit werden sie jeweils mit unterschiedlichen Mengen nach Veraschung nachgewiesen.
7. Weil die besonders im Holzfass ausgebauten Weine durch ihre gefäßerweiternden Inhaltsstoffe die Elastizität der Blutgefäßwände mit steigendem Phenolgehalt verbessern und die Ablagerung von Cholesterinkristallen in der Gefäßwand über die Regulation des Fettstoffwechsels erschweren und somit einer Wandstarre durch Verkalkung entgegenwirken. Bei gleichzeitiger Herabsetzung der Gerinnungsfähigkeit mit Verbesserung der Fließeigenschaften des Blutes vermindert sich das Risiko des Herzinfarktes wie auch eines Schlaganfalles durch Verschluss eines hirnversorgenden Gefäßes.
8. Weil aus gewonnenem Trockenextrakt der roten Weinlaubblätter ein Heilmittel gegen Venenleiden erzeugt wird.
9. Weil der Weingenuß bei alternden Menschen den schleichenden Verlust erworbener intellektueller Fähigkeiten des Denk- und Wahrnehmungsvermögens mindert.
10. Weil der Wein eine 3-fach größere keimtötende Eigenschaft besitzt als eine wässerige Lösung gleicher Alkoholkonzentration. Er kann als vorbeugende Maßnahme gegen Infektionskrankheiten des Magen-Darm-Kanals bei Fernreisen eingesetzt werden und nach Genuß „ungefährlicher“ ist als bakteriell verunreinigtes Wasser.
11. Weil die bei der Weinherstellung entstehenden Tresterrückstände als Düngemittel im Weinberg dienen.

12. Weil aus dem Presskuchen der Tresterbranntwein als begehrte Spirituose gewonnen wird.
13. Weil notfalls mit einem Wassergehalt von 80% im Wein anteilig der tägliche Flüssigkeitsbedarf abgedeckt werden könnte.
14. Weil der Alkohol im Wein auch als Energielieferant in der Kalorienbilanz mit 7 kcal /g an 2. Stelle zu verrechnen ist, neben Fett (9 kcal/g), Kohlehydrate (Glukose, Fructose) und Eiweiß je 4 kcal/g. Er zählt nicht zu den Lebensmitteln wegen fehlender essentieller Fettsäuren, dient aber doch als schnell verwertbare energiereiche Nährstoffquelle und Nahrungsergänzungsmittel und gilt dann auch als „Speis und Trank“ zugleich: mit ½ l Wein werden immerhin auch ca. 300 kcal zugeführt. Aber dem Wein ist allerdings die Benennung als „Heilmittel“ verwehrt, da er als alkoholisches Getränk auch der Gesundheit des Menschen durch Mißbrauch schaden kann.
15. Weil polyhydroxyphenolhaltige Traubenkern-Extrakte, die ebenfalls im Olivenöl nachgewiesen sind, in der Kosmetikindustrie in Cremes und Lotionen zur Hautpflege angeboten werden, eine schon am Hofe Ludwig XIV geübte Praxis, die heutzutage als sog. Vinotherapie im Wellnesstrend liegt.

16. Weil Weinbau umweltfreundlich zu betreiben ist und damit der Treibhauseffekt gedämpft wird:
    a. Durch Humusbildung nach Komposteintrag wird beim biodynamischen Anbau die CO_2 Bindung im Boden mit ca. 4 t/ha auf bestockter und nutzbarer Rebfläche gefördert, so dass die CO_2 Belastung der Luft gemindert wird.

Es darf allerdings nicht verschwiegen werden, dass bei der derzeit noch verbreiteten konventionellen Anbaumethode doch ½ t CO_2 /ha freigesetzt werden.

b. Als klimastabilisierender Faktor bei der Reduzierung der CO_2 Abgase übernimmt der Weinstock in seiner Umgebung eine neutralisierende Funktion; auf Deutschlands vorhandener Rebfläche (100 000 ha) werden im Rahmen der Fotosynthese durch Lichteinwirkung über das Blattwerk 15 t CO_2 /ha (entsprechend 1.500 000 t/ CO_2) unter Anreicherung der atembaren Luft mit Sauerstoff assimiliert.

17. Weil im Weinbau weltweit Millionen Arbeitsplätze unterhalten werden.
18. Weil der knorrige Weinstock zuweilen als Schnitzholz begehrt ist.
19. Weil der im Weinfaß ausgefallene farblich getönte Weinstein zu Schmucksteinen in Ketten und Ringen verarbeitet werden kann.

Schlußgedanken: Wein und Gesundheit

Durch Luftkontakt kommen im Wein unterschiedliche oberhalb der Wahrnehmungschwelle liegende qualitätskennzeichnende und beerentypische Aromen sowie ihre Vorstufen aus proteinhaltigen Molekülen zur Entfaltung, die dem Stoffwechsel der Gärhefen entstammen; mehrere dieser hundert Duft- und Bukettstoffe sind in der Literatur umfassend beschrieben und chemisch definiert.

Sie sind dem Menschen „Würze des Lebens" durch Freude am Genuss [Hufeland].

Durch langjährige Beobachtungen gewonnene Ansichten des Naturforschers aus Montpellier und Leibarztes des Papstes Clemens V (1305 - 1314), Arnaud de Villeneuve (1311) lassen auch schon erstaunen: In seinen bereits vor 650 Jahren erschienen Schriften „De Vinis" und „Regimen sanitatis Salernitatum" äußert er sich mit der denkwürdigen Erkenntnis, dass im Umgang mit Wein nach wohl abwägender Wertung sowohl „l'abus" als auch „l'abstinence" der Gesundheit des Menschen nicht dienlich sind. Diesen Gedanken gingen die Worte des griechischen Tragödiendichters Euripides lange voraus: denn „wo der Wein fehlt, stirbt der Reiz des Lebens".

Auf dem bereits erwähnten internationalen Kongress der Önologen 1971 in Paris sagte J. Masquelier, dass der Wein mehr ist als nur verdünnter Alkohol wegen seiner nichtalkoholischen (in Spirituosen nicht vorkommenden) Bestandteile, die Anfang des 16. Jahrhunderts der Salzburger Alchemist, Philosoph und Arzt, Theophrastus von Hohenheim, genannt Paracelsus, in Unkenntnis späterer Forschungsergebnisse noch als „sinnlose Verunreinigungen" schmähen konnte. Dem widersprach Ernst Moritz Arndt in visionärer Schau um 1820 mit den Worten: „Es macht der Saft der Purpurtraube des Menschen krankes Herz gesund".

Um diese Zeit setzte eine verhängnisvolle Entwicklung ein, die landesweit um sich griff. H. Kliewe erwähnt das „Handbuch der praktischen Arzneimittellehre", das 1803 veröffentlicht wurde und weite Beachtung fand. Der Autor, Prof. E. Horn aus Halle / Berlin, benennt in seinem Werk den Wein als eines der „wirksamsten Arzneimittel überhaupt", dem nur der Nachteil anzulasten sei, von behandelnden Ärzten „zu spät" und in „zu geringer" Dosis verordnet zu werden!

Die Folge einer so verstandenen „Weintherapie" zeigte sich, als auch Nichtkranke in Zeiten eigener Unpässlichkeit sich dieser verlockenden Empfehlung annahmen und damit der missbräuchlichen Nutzung zunehmend erlagen.

So erging nach damaligem Verständnis und auch noch in annehmbar wohlwollender Absicht aber unter offensichtlicher Verkennung der begleitenden Umstände 1892 in Heidelberg eine Anweisung der „Krankenkasse an die Ärzte über die Verordnung von Weißwein und Rotwein für erkrankte Kassenmitglieder", da offensichtlich nach damaliger seit Jahrzehnten immer noch vorherrschender Meinung die Behandlung eines Patienten mit Wein „zu alt sei, um als falsch dargestellt zu werden". Die so verstandene „Weintherapie" bahnte zweifellos dem verhängnisvollen Missbrauch auch mit anderen alkoholischen Getränken zweifelhafter Qualität den Weg.

Nach den großen Ernteverlusten durch Reblaus und Mehltaubefall griff man gerne auch auf durch Streckung gefälschte Weine wie auch auf alkoholstärkere Destillate besagter fraglicher Qualität zurück, die ihre eigenen Abnehmer fanden und den Missbrauch förderten.

In völlig gegenläufiger Weise zielten in der zweiten Hälfte des 19. Jahrhunderts überzogen auftretende in Vereinen gegliederte Organisationen, die eine „alkoholfreie Kultur" unduldsam einforderten und schon einen pfleglichen Umgang mit Wein argwöhnisch betrachtend in ein zweifelhaftes Licht rückten.

Eine richtungsweisende spätere Wende aus vorbehaltloser Sicht über Alkohol und seiner möglichen Folgen sowie auch getragen von Erkenntnisdrang über Umgang mit Alkohol leitete das von R. Pearl, Universität Baltimore 1926 veröffentlichte Buch mit dem denkwürdigen und zwiespältigen Titel: „Alcohol and Longevity" ein, in dem der Verfasser bei mäßigen Trinkern unterschiedlicher Getränke eine durchschnittlich höhere Lebenserwartung feststellte, als bei alkoholabstinenten Bewohnern anderer untersuchter Regionen.

Das auffällige Ergebnis dieser statistischen Untersuchung konnte während der 13 Jahre geltenden amerikanischen Prohibitionsgesetze gegen Alkoholmissbrauch und dessen Folgen nicht „für wahr" genommen werden, weil es zeitbedingt totgeschwiegen werden musste.

Auf der Suche nach Umweltfaktoren für die statistisch gesicherte Herzinfarkthäufigkeit in Kanada vor etwa 70 Jahren kamen dort auch die Ernährungsgewohnheiten der Menschen auf den Prüfstand der Wissenschaft, die durch fettreiche Nahrungsmittel mit sog. gesättigten Fettsäuren vorwiegend tierischer Herkunft geprägt waren.

Kanadische Forscher auch unter späterer Mitwirkung von S. Renaud fanden 1951 Hinweise, dass Alkoholgenuss entgegen der Vermutung und herrschender Voreingenommenheit offensichtlich doch eine Schutzwirkung vor Blutgefäßverschlüssen entfaltet, eine später bestätigte Erkenntnis, die das National Institut of Health in Boston über Jahre der Öffentlichkeit nicht bekannt geben durfte. Zu dieser Zeit war allerdings auch ein erhöhtes Risiko durch annehmbar übermäßigen Alkoholkonsum mit krebserzeugenden Eigenschaften schon in Diskussion, während Jahrzehnte später die amerikanische Krebsgesellschaft bei maßvollen Weintrinkern eine um 20 % geringere Krebssterblichkeit gegenüber Abstinenzlern feststellte.

Mit der Wahrnehmung der im sog. „French Paradoxon" verborgenen Widersprüchlichkeit (geringere Sterblich-keitsrate in Abhängigkeit von Ernährung und Weinkonsum) s. u. vor etwa 35 Jahren durch Serge Renaud, Universität Bordeaux, bahnte sich eine Erklärung an, die annehmbar nun auch in Kenntnis von R. Pearl erst später nach Veröffentlichung zugänglichen Schrift erfolgte.

Durch weitere Untersuchungen und über einen längeren Zeitraum laufende Beobachtung gelang es dem franz. Forscher 1992 die erhobenen Befunde auch in Kenntnis der aus südeuropäischen Regionen und Anrainerstaaten gewonnenen neueren Daten in einem ursächlichen Zusammenhang mit seinen eigenen Erhebungen zu sehen:

Maßvoller Weingenuß mindert die Sterblichkeit bei Menschen mittleren Alters an Herz- und Kreislauferkrankungen im Verhältnis zum Bevölkerungsdurchschnitt mit ähnlichen auch durch fettreiche Ernährung und Rauchen belastenden Risikofaktoren in anderen Regionen industrialisierter Länder um bis zu 40 %. Diese auffällige Risikoabsenkung wird verständlicher und gewinnt noch an Überzeugungskraft, nachdem in der mediterranen Ernährung ein Faktor vermutet und später bestätigt worden war, der das Risiko einer vorzeitigen Verkalkung mit Neigung zu Blutgefäßverschlüssen absenkt: denn auch bei einem mehr als zweifach höherem Seefischkonsum war die Sterberate an Herz- Kreislauferkrankungen 2007 in der französischen Bevölkerung um mehr als 30 % niedriger als in Deutschland. Dabei kommen protektiv wirksamen Nährstoffen mit den auch aus nativ gewonnenem Olivenöl, den sog. mehrfach ungesättigten Fettsäuren, unbestreitbar ernährungsphysiologische Bedeutung zu. Somit ist also Weingenuß in Verbindung mit der Ernährungsweise mit einer deutlichen Risikoabsenkung verbunden, wenn der zugeführten Weinmenge, verteilt in „moderater Dosis", besser „mäßig aber regelmäßig, als zuviel gelegentlich" zugesprochen wird, wie es dem „mediterranen Trinkmuster" entspricht.

Die zwischenzeitlich doch schon zum Teil bestätigten der Gesundheit des Menschen dienenden genannten wasserunlöslichen Pflanzenstoffe sind die auch in grünen und schwarzen Teesorten vorkommenden bereits erwähnten Phenole mit Resveratrol und Quercetin als deren wichtigste Vertreter, wie auch das Tyrosol mit kleinerer Molekularstruktur der weißen Trauben. Sie werden wegen ihrer u. a. blutgefäßschützenden, entzündungshemmenden, antiallergischen und gerinnungshemmenden Eigenschaften mittlerweile (voreilig?) als Nahrungsergänzungsmittel werbewirksam und vorbeugend im Sinne einer „Altersbremse" angepriesen und auch im Handel vertrieben. Resveratrol nimmt bei der Werbung eine Sonderstellung ein; mit diesem Enzym gelang es als bisher einziger Substanz, allerdings im Tierversuch, durch Verfütterung eine lebensverlängernde Wirkung bei einer Mäusepopulation im Gruppenvergleich sicher nachzuweisen. Diese Substrate der

reifenden roten und auch das Tyrosol der weissen Trauben mit kleinerer Molekularstruktur aus Kernen und Schalen kamen zusehends in den Blickpunkt der Forschung, die bisheriges Wissen um Wein und seiner nichtalkoholischen Inhaltsstoffe bereichert hat. Die schon belegten Ergebnisse wurden diesen sog. Antioxidantien aus Rot- und Weißweintrauben als Reparaturenzymen zugeordnet, die nach Weingenuß offenbar wirkungsvoller sind als in Reinsubstanz in Pillenform eingenommen, die nachfolgender Überprüfung bedürfen.
Nach der gesetzlich verbrieften Ächtung alkoholischer Getränke in den USA der 30er Jahre des vergangenen Jahrhunderts traf 1995 nach neuen Erkenntnissen das American College of Cardiology die überraschende Entscheidung, dass sogar die **Alkoholabstinenz** ausdrücklich in die Liste der Risikofaktoren für Herz- und Kreislauferkrankungen aufzunehmen sei, nachdem noch 1988, also sieben Jahre vorher, durch Kongressentscheid Alkohol als gefährliche Droge mit Suchtpotential und daher als toxisches Agens ohne dosisabhängige Größe eingestuft worden war.
Bei dieser Abstimmung hatten die Abgeordneten 1995 wohl kaum den Erlass von Kaiser Marc Aurel im Sinn, der um 105 n. C. dem Volke kündete: „Es soll keiner sowenig trinken, dass es seiner Gesundheit schadet“.
Somit öffnet sich für die Nachwelt der Blick auf das weite Feld der „Heilkraft des Weines“, die zwischenzeitlich doch wohl begründet für die Gesundheit und das Wohlergehen des älter werdenden Menschen „mehr verheißt, als nur eine Therapie der verzweifelten Hoffnung“, denn dem Altwerden kann man nicht entfliehen, doch man kann es durch „Weingenuß verlangsamen“ wie ein unbekannter Autor meint.
Somit ist schon beim ersten Anstoßen der Gläser das erwar-

tungsvoll zugesprochene „Prosit“ mit dem Wunsch verbunden, der Wein möge dem Kranken Linderung bringen, den Genesenden weiter beleben, aber dem Gesunden nicht zum Schaden gereichen, wie schon der griechische Philosoph und Historiker Plutarch, um 100 n.Ch. anmerkte, denn
„Wein ist unter den Getränken das Nützlichste,
unter den Arzneien das Schmackhafteste
und unter den Nahrungsmitteln das Angenehmste“, auch: „wie Lebenswasser ist der Wein dem Menschen, wenn er ihn trinkt nach Maß“; so mahnte schon 300 Jahre früher der Weisheitsprediger J. Sirach im AT. 31,27.

Literaturhinweise

„Vinum“ Zeitschrift: Nr.: 3/2003; 5/2004; 3/2008; 6/2009; 8/2009; 9/2009; 11/2010, 3/2011, 5/2012, 12/2012, 11 u. 12 /2013

„Vinomed“ Zeitschrift, Deutsche Weinakademie: Nr. 1/1998 bis 19/2009, 22/2011, 23/2012, 24/2012, 2/2014, 5/2014

„Weinwelt“ Zeitschrift: Nr. : 4/2009; 5/2009; 5/2010; 4/2011, 2/2012, 5/2012

„Wein und Gesundheit“: DWA, Mainz 2006

Hans Ambrosi: „Das große Lexikon vom Wein“ Gräfe-Unzer 1997

Stefan Andres: „Wein Pilger-Buch“, Verlag Strüder, Neuwied 1965

G. Belz: „Lebe länger und gesunder“, Springerverlag 2008

W. Boericke: Handbuch der homöopathischen Arzneimittellehre , Narayama - Verlag 2013

M. Böhm: Das „ French Paradox“ D M W 2002 Nr.127

Paula Bosch: „Weingenuß“ , Econ-Verlag 2003

M. Broadbent : „Weine“, Hallwag-Verlag 1995

E. Buddecke: Grundriss der Biochemie, De Gruyter - Verlag 1994

M. Darting: „Sensorik“, Ulmer Verlag, Stuttgart, 2009

Deutsches Ärzteblatt: 3/2013

André Dominé: „Wein“, Konemann, 2004

DMW Deutsche medizinische Wochenschrift, Sonderdruck 2013, S. 2653 u. f.

D. W. A. Deutsche Weinakademie: Wein und Gesundheit, Mainz 2006

M. Döll: Heilkraft des Weines, Herbig - Verlag 2013

R. Eder: Phenole - Gesundheitsaspekte,
Wissensbericht 2010

Christine Fischer : „Wein und Speisen“ Edition Fackelträger, Köln 2009

D. Ehrlich: „Wein“ Gräfe & Unzer Verlag, München 2010

H. Friedrichsen: „Herz- Kreislauf- Erkrankung und Ernährung“ „Wissen - OM“ 2011

M. Gabor: „Gedanken über Wein und Gesundheit“, Heider-Verlag Berg. Gladbach, 2003

R. Gabriel: „Bordeaux total“ o. J.

Handbuch Allgemeinmedizin 2012

Heymann-Löwenstein , R. : „Terroir“ , Kosmos-Verlag 2009

J. Hügl: „Tradition und Charakter: der Wein aus dem Elsass“, (ohne Jahrgangsangabe)

Immunologie: Arzt und Wirtschaft: 3 / 2008 S. 100

H. Johnson: „Großer Weinatlas“, Hallwagverlag 1992

K. Johnson: Weinführer für Frauen, Europaverlag Leipzig 2004

H.Johnson-Krüger: „Das große Buch vom Wein “Gräfe-Unzer“ Verl. (o. J.)

Klaus Jung: „Wein“ Woschek-Verlag 1996

Beat Koelliker: „Die große Hallwag-Weinschule“ 2004

H. Kliewe: Wein und Gesundheit, Meiniger-Verlag 1981

E. Kuntz: persönl. Mitteilung Ärztekongress Davos „Leber - Galle - Seminar“ 1975 /1976

E. Kuntz: „Brennpunkt Leber“, Hädecke-Verlag 2002

M. Köhnlechner: Heilkraft des Weines, Droemer - Verlag 1978

G. Kreuter u.a. : in „Diabetes und Weinkonsum“ Band 17 Nr. 6, Kirchheim Verlag Mainz 2008

B. Krönig, et al.: „Gesund genießen mit Wein“ Kornmayer-Verlag, Rödermark 2009

J. Masquelier: Lehrgang über franz. Weine Sopexa, 6. Ausgabe 1984

Del Monego, Markus: „Warum der Wein korkt.“ Heel – Verlag, Königswinter, 2002

A. Meulenbelt: Frauen und Alkohol, Rowohlt-Verlag 1998

„Mitteilungen Klosterneuburg“ : 59 / 2009 S. 153

E. Peynaud: „Hohe Schule für Weinkenner“ Müller-Verlag 1984

St. Pigott: „Weinwunder Deutschland“ Tre Torri Verlag 2010

St. Pigott: „Die Welt“ Sept 2009

Piroué, Susi: „Freude am Wein“, Gräfe-Unzer-Verlag, München 1990

P. Reich: „Weinkompendium für den Arzt“ Wissenschaftliche Verlagsanstalt Stuttgart 1950

J. Robinson: „Oxford-Weinlexikon“ Hallwag-V. 2007/2010

R. Parker, jr.: „Wein-Guide Frankreich“ Heyne-Verlag 1994

S. Renaud: Lancet 339, 1992

S. Renaud et al: Epidemiology 9, 1998

S. Renaud u. a. in: „Forum Wein und Gesundheit“ Kornmayer Verlag 2009

W. Reisinger: „Geheimnisvoller Schwefel“, Druckerei Wolf, Ingelheim 2009

P. Richter: „Über das Trinken“ Goldmann Verlag 2011

M. Scheuermann: „Wein und Zeit“, Hampp-Verlag 2007

J. Scholl: Wein und Gesundheit, in Der Allgemeinarzt 4 /2001, 3/2014

H. Scholls: Mineralstoffe und Spurenelemente, Trias-Verlag 1996

P. Schupp: „Pseudoallergie und Histaminintoleranz,“ Notfall-Hausarztmedizin 2008; 34 (2): 66 bis 68

R. Scruton: „Ich trinke, also bin ich“ Diederichs Verlag München 2010

M. Singer et al: Mannheim Hauptstelle für Suchtfragen (DHS) e.V. Band 1

H. Sponsel: „Ein Lob dem Weine“ Tomus V. München o. J.

R. Steurer: Gesundheit & Wein, Ueberreuter Verlag, Wien

K.-W. Weeber: „Die Weinkultur der Römer“, Albatrosverlag, Düsseldorf 2005

„Wine in Moderation“, Deutsche Weinakademie, Mainz, 2009

N. Worm et al.: „Moderater Weingenuss…“ DMW 2013, 138 S. 2653 f.

Woschek / Galant: Die Weine Frankreichs, Gräfe & Unzer 1981

B. Wüthrich, Zürich: „Weinallergie?“ M M W, Fortschritte der Medizin, Nr. 51 – 52 / 2002

B. Wüthrich, Zürich: „Weinallergie und Intoleranzen“ in „Allergologie“ Nr. 8. 2011

Danksagung

Meinem Freund Professor Dr. R. Odoj, Forschungszentrum (FZJ) Jülich, danke ich für den ermunternden Zuspruch und die ergänzenden Hinweise - und nach kritischem Blick auf die jetzt erweiterte Fassung - im gegenseitigen Austausch zu unserem gemeinsamen „plaisir de la dégustation“ [P. Poupon 1973] im Kreis der vinophil Gesinnten

Kreuzau, im Februar 2015
Dr. med. Hans Josef Pennartz